Melissa Leone

my Secret

Entdecke
dein Geheimnis

mvgverlag

Melissa Leone

my Secret

Entdecke
dein Geheimnis

mvgverlag

Bibliografische Information der Deutschen Nationalbibliothek:
Die Deutsche Nationalbibliothek verzeichnet diese Publikation in der Deutschen
Nationalbibliografie; detaillierte bibliografische Daten sind im Internet über
http://d-nb.de abrufbar.

Für Fragen und Anregungen:
melissaleone@mvg-verlag.de

1. Auflage 2010

© 2010 by mvg Verlag, ein Imprint der FinanzBuch Verlag GmbH, München,
Nymphenburger Straße 86
D-80636 München
Tel.: 089 651285-0
Fax: 089 652096

Umschlaggestaltung: Julia Jund
Innenlayout: Pamela Günther
Satz: Pamela Günther
Druck: GGP Media GmbH, Pößneck
Printed in Germany

ISBN 978-3-86882-163-5

Weitere Infos zum Thema:

www.mvg-verlag.de
Gerne übersenden wir Ihnen unser aktuelles Verlagsprogramm

Inhalt:

Vorwort

Sicher kennen Sie den TV-Werbespot einer Bank, in der sich zwei Schulkameraden nach etlichen Jahren treffen.

Erzählen sie sich, wie es ihnen jeweils ergangen ist?

Schwelgen sie in Erinnerungen an gemeinsame Jugendstreiche?

An die Schulzeit? An Klassenkameraden?

Ans Zelten mit Lagerfeuer oder an die erste Freundin?

Nichts von alledem.

Sie knallen Fotos auf den Tisch: »Mein Haus, mein Auto, mein Boot!«

Mit triumphierendem und kontrollierendem Blick, ob der andere auch ganz gewiss mitbekommt, dass man es »geschafft« hat. Freude über das Wiedersehen nach langen Jahren?

Keine Spur.

Wir scheinen alle unter dem Zwang zu stehen, Erfolg zu haben. Image und Äußerlichkeiten – das scheint das Wichtigste in unser aller Leben zu sein. Viele Menschen identifizieren sich heute fast ausschließlich über materielle Dinge, über Produkte, über sozialen Status. Über ein mehr oder weniger gefülltes Bankkonto, über die Anzahl und Art der Kreditkarten. Denn es darf natürlich nicht »nur« eine normale Karte, es muss die goldene oder gar Platinversion sein.

Ständig vergleichen wir uns mit anderen – mit Freunden und Kollegen, mit Nachbarn, ja selbst innerhalb der Familie, ob wir genauso gut oder sogar »besser« sind als die anderen. Oft genug ist dieser unsinnige Wettbewerb das Thema in mehr oder minder lustigen Kino- oder Fernsehfilmen. Leider ist er aber auch bittere Realität. Vielleicht kennen Sie solche Situationen aus dem eigenen Leben – nicht nur im Job, sondern sogar innerhalb des Bekannten- und Familienkreises.

Es gibt scheinbar kaum eine Chance, diesem fortwährenden Streben nach mehr und mehr, nach rein äußerem Glanz und trügerischem Schein zu entkommen. Der psychische Druck durch unsere Umgebung – die »lieben Mitmenschen« ebenso wie Medien und Werbung – ist immens. Der nicht nur scheinbar vorhandene Zwang nach Konsum fängt immer früher an; schon von klein auf sind wir alle ihm unterworfen. Und es ist schwer, ja beinahe unmöglich für Eltern und Kinder, davon Abstand zu halten.

Anfangs muss es das »richtige« Spielzeug sein, ja sogar der »richtige« Kindergarten; in der Schule dann später die »richtigen« Klamotten und das »richtige« Handy; als Erwachsener strebt man nach dem »richtigen« Auto. Ja sogar: die »richtige« Wohngegend und das »richtige« Urlaubsziel sind anscheinend wichtig und notwendig, um zu beweisen: »Ich habe Erfolg!«

Wir haben wohl alle mehr oder weniger den Drang, einer »höheren« und damit angeblich »besseren« Stufe innerhalb unserer Gesellschaft anzugehören. Dafür tun wir viel, manche beinahe alles – und umso schlimmer ist es dann für uns, wenn wir einen Rückschlag erleiden: beispielsweise wenn wir eine Prüfung nicht schaffen, wenn wir den Job verlieren, wenn wir persönlich in einer Beziehung scheitern und uns eingestehen müssen, dass die Trennung von einem Liebes- oder Lebenspartner unumgänglich ist. Wenn der Erfolg sich also nicht einstellt, trotz all unserer Bemühungen. Oder wenn er uns verlässt, aus Gründen und in Situationen, die wir nicht ändern und beeinflussen können.

Doch was ist Erfolg denn eigentlich?

Ist es wirklich »Erfolg«, mehr zu sein und mehr darzustellen als der andere?

Bringt es uns tatsächlich weiter, wenn wir immer noch mehr haben wollen? Wenn wir ständig größere Anschaffungen tätigen?

Vergessen wir dabei nicht, worum es in unserem Leben wirklich geht?

Zutiefst menschliche Eigenschaften unterscheiden uns von allen anderen Lebewesen auf diesem Planeten. Etwa, dass wir Mitgefühl empfinden können. Dass uns Liebe und Hilfsbereitschaft eigen sind. Dass wir in der Lage sind, mehr zu tun, als ständig im »Kampf« gegeneinander unsere Ellbogen einzusetzen – im tatsächlichen wie im übertragenen Sinne.

Erfolg lässt sich eben nicht nur und ausschließlich über Äußerlichkeiten definieren. Jeder von uns hat seine ganz persönlichen Ziele – und wenn er die erreicht, ist das eben sein Erfolg. Das können Kleinigkeiten sein, aber auch große Ideale, die man zu verwirklichen sucht oder denen man nachstrebt.

»Panta rhei« – »Alles fließt«, oder: »Alles ist in Bewegung«, wusste schon Heraklit von Ephesus.

Mit unserem Leben ist das ganz genauso.

Es ist ein ewiger Kreislauf – ähnlich dem Kreislauf des Wassers, den ich in diesem Buch als Metapher für unser Menschendasein gewählt habe.

Je nach Situation sind wir springlebendig wie eine Quelle oder ein Bächlein, ruhig und bedächtig wie ein Strom, verzweigt und vielfältig wie ein Delta, unermesslich reich wie ein Ozean. Und dabei sind wir viele und eines zugleich – das Wunder unseres Lebens, unserer Gedanken und Wünsche, unserer Ziele und auch unserer Erfolge und Niederlagen.

Jeder Mensch geht seinen ganz eigenen Weg – von Geburt an bis zum Tod. Manchmal geht er ihn ein Stück gemeinsam mit anderen, mit Freunden, Familie, Partner. Letztendlich aber kann nur er allein sich die grundlegenden Fragen beantworten, die das A und O für Erfolg sind:

- Wer bin ich?
- Was will ich?
- Wohin will ich?
- Wie will ich dorthin kommen?

Es gibt für jeden Einzelnen von uns nur den einen einzigen, richtigen Weg: Das Geheimnis für den persönlichen Erfolg kann jeder Mensch für sich (wieder)entdecken.
Ich möchte Sie auf diesem Weg begleiten und Ihnen helfen, erfolgreich zu sein.

Melissa Leone
Colares/Lissabon
im Februar 2010

KAPITEL 1

Mein Geheimnis:
Die sprudelnde Quelle

Unser Leben ist vergleichbar mit dem Weg des Wassers: von der Quelle über das munter sprudelnde Bächlein, das sich seinen Weg erst suchen muss, hin zum reißenden Fluss, der sich in einen gemächlichen Strom verwandelt und sich dann ins unendliche Meer ergießt. Wasser steigt in der Sonne von der Oberfläche der Ozeane beim Verdunsten auf und regnet wieder hinab auf unsere Erde. Das Leben ist keine Linie, sondern ein Kreis. Wer das erkennt und danach handelt, weiß um die universelle Harmonie des Lebens – und fühlt sich stets gut aufgehoben.

> *Um an die Quelle zu kommen, muss man*
> *gegen den Strom schwimmen.*
> Stanislaw Jerzy Lec

Was ist Erfolg eigentlich?

Früher war der Begriff »Erfolg« nicht unbedingt an ein Resultat gekoppelt oder an ein Ziel, das es zu erreichen galt. Noch zu Zeiten Goethes ist »Erfolg« lediglich die Beschreibung der Handlung an sich. Das Wort kommt von »erfolgen« – und beschreibt damit ursprünglich lediglich den Verlauf eines Ereignisses. Was wir heute relativ wertfrei als Erfolg bezeichnen, also ein bestimmtes Ergebnis, das wir erzielen wollen oder sollen, nannte man früher eher Glück oder Sieg.

Glück ist nicht gleich Erfolg – und ein Fehlschlag muss kein Misserfolg sein

Glück steht für uns heute eher im Gegensatz zu Erfolg. Denn dieser Begriff setzt einen Zufall voraus: Man hat Glück (und nicht »Erfolg«), wenn man etwa im Lotto gewinnt. Wenn man überraschend für seine Leistung eine außergewöhnliche Anerkennung erhält, ist das ebenfalls eher ein Glücksfall – und eben nicht ein planbares Resultat, das sich aus Leistung, Wissen und Arbeit zusammensetzt. Und falls wir gläubige Menschen sind, wird Glück auch angestoßen oder erzielt durch die Hilfe einer höheren Macht.

Ähnlich ist es mit dem umgekehrten Begriff »Misslingen«: Nicht automatisch hat ein Fehlschlag mit Misserfolg zu tun. Es können widrige Umstände sein, nicht planbare Ereignisse, die dazu führen, dass ein im Grunde »unausweichlicher« Erfolg ein negatives Ergebnis zeitigt. Sicher kennen Sie die sarkastische Aussage »Operation gelungen, Patient tot«. Es beschreibt trotz allem Zynismus genau diese Situation: Alles hat gestimmt, die Leistung der Ärzte war hervorragend; aber der »Zufall« hat es verhindert, dass ein fachlich gelungener Eingriff das Überleben eines Menschen sicherte.

Wir dürfen nicht die Güte jeder Tat ermessen nach dem Ausgang des Erfolgs.
William Shakespeare

Vor allem im Bereich der Wissenschaft ist Erfolg also zwar einerseits »planbar«, indem man eben durch verschiedene Wege und Forschungen ein bestimmtes Resultat anstrebt und auch erreicht. Andererseits jedoch kommt es zu Erfolgen, auf die man niemals hingearbeitet hat.

Der Wirtschaftswissenschaftler Werner Kirch erklärt dies etwa am Beispiel des Nobelpreises: Natürlich ist diese Auszeichnung für jeden Forscher ein Erfolg, aber kaum jemand wird ganz klar sagen: »Ich will und werde den Nobelpreis bekommen!« Eine solche Zielvorstellung wäre schlicht und ergreifend unrealistisch. Die einzelnen Faktoren, die dazu führen, dass ein einzelner oder eine Gruppe den Nobelpreis verliehen bekommt, sind einfach zu unwägbar: Nicht nur Leistung ist dafür notwendig, sondern unwägbare Elemente wie beispielsweise die Einzigartigkeit einer Leistung, die Ein- oder besser Erstmaligkeit eines Forschungsergebnisses und nicht zuletzt: politische Hintergründe, die bei den Entscheidungen des Nobelpreis-Komitees eine Rolle spielen können.

Ziele erreichen

Heute dagegen benutzen wir den Begriff »Erfolg« eher im Sinne von Ergebnis. Sicher kennen Sie den Ausspruch: »Die Summe richtiger Entscheidungen ist gleich Erfolg« – und damit haben Sie schon den ersten Hinweis darauf, dass wir es oft verlernt haben, Erfolg in der richtigen Beziehung zu uns selbst, unserer Umwelt und unseren Mitmenschen zu sehen. Beispielsweise auch in kleinen oder in nicht-materiellen Dingen.

Wir neigen dazu, Erfolg eher nach der Höhe unserer Gehälter oder nach der Größe unserer Autos zu bestimmen als nach dem Grad unserer Hilfsbereitschaft und dem Maß unserer Menschlichkeit.

Martin Luther King

Erfolg ist für uns heute das Erreichen eines Ziels – und außerdem in den meisten Fällen gekoppelt mit greifbaren, materiellen Vorteilen, die uns ebendieser Erfolg bringt. Wir sind erfolgreich,

♦ wenn wir uns etwas leisten können,
♦ wenn wir einen bestimmten Status erreichen oder
♦ wenn wir Beifall von anderen erhalten.

Oft jagen wir einem äußeren Schein hinterher, in der Annahme, nur dann würden uns andere – und leider auch wir uns selbst – als »erfolgreich« einstufen und vielleicht sogar bewundern. Oft genug müssen wir, am Ziel angekommen, erkennen: Ein solcher Erfolg kann schal sein, kann uns nicht (mehr) zu Freude und Glücksgefühlen verhelfen.

> *Der Erfolg ist eine Folgeerscheinung, niemals*
> *darf er zum Ziel werden.*
> Gustave Flaubert

Neid als Voraussetzung für Erfolg?

Sogar den Neid unserer Mitmenschen nehmen wir durchaus billigend in Kauf, um Erfolg zu haben. Oder kennen Sie etwa nicht den Ausspruch: »Mitleid kriegt man umsonst, Neid muss man sich hart erarbeiten«, der von Robert Lembke stammen soll. So wird das negative Gefühl Neid, das ja sogar eine der sieben klassischen Todsünden ist, zur allgemein anerkannten Voraussetzung für Erfolg.

> *Wenn man erfolgreich ist, dann überschlagen sich die Freunde,*
> *aber erst wenn man einen Misserfolg hat, freuen sie sich wirklich.*
> Harry Spencer Truman

Nicht umsonst ist der Begriff »Neidgesellschaft« als modernes politisches Schlagwort überall bekannt. Sicher hat es immer Neid und Missgunst gegeben – das sind wohl leider Eigenschaften, die schon immer zu uns Menschen gehörten. Zumindest dann, wenn wir einfach so in den Tag hinein leben und uns wenig Gedanken über die eigene Person und die Gefühle anderer machen. Wir leben heute in einer Zeit und einer Gesellschaft, in der Neid und vor allem und insbesondere »Sozialneid« allgemein politisch und wirtschaftlich als Motivation geschürt werden. Das zeigen uns die Medien und die Werbung – und wir leben es leider allzu oft nach, in der falschen Annahme und Hoffnung, damit »Erfolg« zu haben.

Die drei größten Tugenden: Neidlosigkeit, Furchtlosigkeit, Geduld. Wer sie besitzt, hat den ersten Schritt zur Weisheit getan.

Frank Thieß

Besser und mehr sein als andere?

Es gibt ganze Straßenzüge, oft in den Außenbezirken, in den Vororten, in denen sich ein Einfamilienhaus ans andere reiht. Da »muss« man sich einen neuen Wagen, einen neuen Rasenmäher kaufen, wenn der Nachbar das auch tut.

Man schaut stets darauf, wie der andere sein Haus oder seinen Garten gestaltet. Selbst an solch im Grunde beschaulichen Familienfesten wie Weihnachten beobachtet man stets die »Konkurrenz«: Wie hat der Nachbar sein Grundstück dekoriert? Ist sein Christbaum etwa größer und schöner?

Man schielt nach links und rechts, was die anderen tun und sich leisten – und macht mit, selbst wenn man sich's eigentlich nicht leisten kann oder wenn es einem im Grunde gar nicht gefällt.

Nur ja nicht aus der Reihe tanzen, nur ja nicht den Eindruck aufkommen lassen, man hätte weniger zum Ausgeben zur Verfügung. Man fährt mindestens so toll in Urlaub wie der Nachbar – am besten in noch weiter entfernte oder noch exotischere Gegenden. Oder wenigstens länger oder öfter als der selbst nur flüchtig Bekannte im Nebenhaus. Nur dann fühlt man sich selbst »erfolgreich«.

Nur dann – so meinen wir zu wissen – haben wir auch in den Augen anderer Erfolg. Und wir sonnen uns oft in dem Gefühl, dass andere uns um den so sichtbaren Erfolg beneiden.

Erfolg ist so ziemlich das Letzte, was einem vergeben wird.

Truman Capote

Aber ist das wirklich »Erfolg«? Bringt es uns tatsächlich weiter, wenn wir immer noch mehr haben wollen, noch größere Anschaffungen tätigen – und dabei aber ganz vergessen, worum es in unserem Leben wirklich geht? Um uns selbst und um unsere Mitmenschen. Darum, wie wir unsere Persönlichkeit und unseren Charakter ausbilden und weiterentwickeln. Wie wir mit uns selbst und unseren Nächsten umgehen.

Ist es gut für uns, wenn wir uns ständig nur als Konkurrenten sehen? Sollten wir nicht besser hin und wieder innehalten im Wettlauf um das »Größer, Teurer, Besser« und uns auf zutiefst menschliche Eigenschaften besinnen, die uns eben vom Tier unterscheiden?

Nämlich, dass wir Mitgefühl empfinden können, Liebe und Hilfsbereitschaft, dass wir in der Lage sind, mehr zu tun, als ständig im »Kampf« gegeneinander unsere Ellbogen einzusetzen – im tatsächlichen wie im übertragenen Sinne.

Wer neidet, ist blind. Wer hasst, ist taub.
Wer zürnt, der lahmt. Nur wer liebt, hat keine Gebrechen.

Sprichwort aus Griechenland

Ständig vergleichen wir uns mit anderen – mit Freunden und Kollegen, mit Nachbarn, ja selbst innerhalb der Familie, ob wir genauso gut oder sogar »besser« sind als die anderen.

Hängen auch Sie an »äußeren Erfolgen«?

Wollen Sie »mehr« sein, mehr haben als andere?

Ist es ein Grundbedürfnis des Menschen, »besser«, also erfolgreicher zu sein als die anderen? Oder verbirgt sich dahinter nicht etwas ganz anderes?

Die neidischen Menschen sind doppelt schlimm dran.
Sie ärgern sich nicht nur über das eigene Unglück,
sondern auch über das Glück der anderen.

Hippias, um 420 v. Chr.

Geliebt werden um jeden Preis?

Ein Wunsch ist wohl in jedem Menschen vorhanden: Wir alle wollen geliebt werden. Von klein auf, ganz instinktiv. Schon das Neugeborene will sich geborgen fühlen – und das nicht nur im Kindergarten und in der Schule, sondern auch in der Familie und im Freundeskreis und natürlich im Beruf. Erst nach und nach erkennen wir – oft braucht es dafür Jahre, wenn nicht Jahrzehnte –, dass man nicht mit allen Menschen auskommen kann, dass wir selbst Antipathien entwickeln (oder jemanden auf den ersten Blick nicht leiden können) und bei unserer Umwelt nicht immer auf Gegenliebe stoßen.

Eine Erfolgsformel kann ich dir nicht geben;
aber ich kann dir sagen, was zum Misserfolg führt:
Der Versuch, jedem gerecht zu werden.

Herbert Bayard Swope

Das hat oft nicht einmal etwas mit unserem eigenen Verhalten zu tun; leider aber neigen wir dazu, uns allzu oft »diesen Schuh anzuziehen« und zu glauben, es läge immer an uns selbst, wenn wir nicht den Freundes- oder Bekanntenkreis haben, den wir uns wünschen, wir uns einsam fühlen und sogar noch den Eindruck gewinnen, nicht einmal die Kollegen könnten uns leiden.

Wer von niemandem beneidet wird, der ist nichts wert.

Epicharmos

Von Anfang an machen viele Eltern dieses verhängnisvolle Treiben mit: Schon am Rand des Sandkastens tauschen sich junge Mütter darüber aus, was ihre Kinder schon »können« – und schauen mitleidig-herablassend auf all jene Mütter, deren Kleine »noch nicht so weit« sind. Genauso darüber, was der Nachwuchs zu essen bekommt und welche Windel die beste ist, was man angeblich anstellen muss, um Intelligenz und Begabungen zu erkennen und entsprechend zu fördern und so von vornherein die optimalen Weichen fürs Leben zu stellen. Erfolgsgarantie inbegriffen.

Kein Wunder also, dass wir schon von klein auf, bereits im Kindergarten, mit Rivalität und dem Streben nach Prestige anfangen und beides verinnerlichen – ohne auch nur einen Gedanken daran zu verschwenden, dass es auch noch andere Werte im Leben gibt, die für die magische Formel »Erfolg« stehen können.

Was wirklich wichtig ist

Im Grunde geht es nämlich nur um eines: um uns selbst und um unsere Mitmenschen. Darum, wie wir unsere Persönlichkeit und unseren Charakter ausbilden und weiterentwickeln. Wie wir mit uns selbst und unseren Nächsten umgehen. Das aber haben wir oft verlernt. Weil wir Äußerlichkeiten in den Vordergrund schieben und weil wir meinen, dass wir »alles im Griff haben«, dass wir alles steuern können – und dass Erfolg planbar und durchsetzbar ist. Ohne Rücksicht auf Verluste.

Menschlichkeit zeigt sich niemals daran, was wir an Materiellem besitzen, welche Position wir in der Gesellschaft einnehmen und auf welcher Stufe im Job wir stehen.

Menschlichkeit erkennen wir an den Handlungen und an der Geisteshaltung, die uns von anderen entgegengebracht wird. Und natürlich daran, wie wir selbst agieren und denken.

Respekt einem Mitmenschen gegenüber – auch wenn wir »über ihm« stehen, wenn wir mehr besitzen als er, wenn er dümmer oder ungebildeter ist als wir.

Wenn ich etwas gelernt habe, dann das, dass Erfolg allein keinen glücklich macht. Aber nur glückliche Menschen sind fähig zu Erfolg und Leistung.

Daniel Goeudevert

Was bedeutet für Sie ganz persönlich der Begriff »Erfolg«?

Eines ist sicher unumgänglich: Um Erfolg zu haben, müssen wir erst einmal definieren, was wir, jeder für uns, unter Erfolg verstehen. In unserer Gesellschaft gibt es äußere Anzeichen, die allgemein anerkannt sind und für »Erfolg« stehen. Etwa finanzielle Unabhängigkeit. Sie sieht allerdings für jeden anders aus: Es gibt Menschen, die beziehen ein hohes Gehalt – und kommen trotzdem nicht über die Runden. Und manch anderer hat nur ein geringes Salär – sieht sich aber als erfolgreich an, weil er sich genau die Dinge leisten kann, die er möchte.

Ich habe stets beobachtet, dass man, um Erfolg in der Welt zu haben, närrisch scheinen und weise sein muss.

Charles Baron de Montesquieu

Was Ihre ganz persönliche Vorstellung von »Erfolg« ist, sollten Sie also zunächst einmal erforschen. Sie werden feststellen, dass sich diese Vorstellung im Laufe des Lebens ändert:

♦ Für einen Jugendlichen ist vielleicht zunächst einmal das geglückte Date mit dem angeschwärmten Mädchen oder Jungen das momentan wichtigste Ziel. Oder die Akzeptanz innerhalb der Freundesgruppe. Neben schulischen Erfolgen, neben dem Mofa-Führerschein, neben vielen anderen materiellen und nicht-materiellen Dingen.

♦ Danach steht im Normalfall die Ausbildung im Vordergrund. Unser Ziel, das wir erreichen wollen, ist ein Beruf, der uns erfüllt, der unseren Neigungen und Talenten entspricht.

- Nach der Ausbildung ist es ein Erfolg, einen ersehnten Job zu bekommen (oder, in unseren Zeiten, überhaupt eine Stelle zu finden). Vielleicht strebt man eine bestimmte Position an – in der Firma, bei einem anderen Unternehmen, als Selbstständiger. Daneben stehen sicher auch private Ziele: in der Partnerschaft, in der Freizeit, bei Hobby, Spiel und Spaß.

- Spätere Ziele, die man erfolgreich meistern will, sind die Gründung einer Familie, die Absicherung der eigenen Person und der nächsten Angehörigen, um sorgenfrei leben zu können – in der Gegenwart ebenso wie in der Zukunft, also im Alter, als Rentner.

> *Erfolg besteht darin, dass man genau die Fähigkeiten hat,*
> *die im Moment gefragt sind.*
> Henry Ford

Man strebt also nach unterschiedlichen Zielen:

- materiellen, also solchen, die einem eine Lebensgrundlage schaffen;

- emotionalen – die meisten Menschen wollen sich in einer Partnerschaft, einer Familie, einem Freundeskreis »aufgehoben« fühlen;

- geistigen, denn aus ihnen schöpfen wir die Kraft, unser Leben aktiv zu gestalten. Man darf bei all dem deshalb niemals die (Fort)-Bildung des eigenen Charakters vergessen. Nur wer da mit sich im Reinen ist, wird langfristig Erfolge zeitigen – im Beruf ebenso wie im privaten Bereich.

Wer hohe Türme bauen will, muss lange
beim Fundament verweilen.

Anton Bruckner

Suchen Sie Ihre Ziele – und finden Sie Ihren Erfolg

Was für den einen Menschen »Erfolg« ist, vielleicht sich einen exotischen Urlaub leisten zu können, findet ein anderer unwichtig, vielleicht sogar nichtig. Auch umgekehrt ist das so: Abkehr von allem Weltlichen bedeutet nicht automatisch, dass man mental und spirituell »Erfolg« hat.

Die einfachste Definition für den Begriff »Erfolg«: Sie sind dann erfolgreich, wenn Sie glücklich und zufrieden sind, wenn Sie in Ihrem Leben nichts vermissen. Ob das der Fall ist, gilt es herauszufinden.

Bedenken Sie bitte immer: Ziele ändern sich. Zum einen, weil Sie selbst sich ändern im Laufe des Lebens, aufgrund der Erfahrungen, die Sie machen. Und zum anderen, weil Sie vielleicht auf Umstände stoßen oder Situationen vorfinden, die es nötig machen, eigene Ziele anzupassen.

Solch eine Anpassung muss nicht von vornherein etwas Schlechtes sein, sie muss auch nicht bedeuten, dass Sie sich verbiegen oder wie ein Fähnchen im Winde agieren. Anpassung bedeutet:

♦ Sie versuchen Ihre eigene Situation realistisch einzuschätzen.

♦ Sie überprüfen, ob Ihre Ziele und damit der angestrebte Erfolg realistisch sind.

Nur dann werden Sie in der Lage sein zu erkennen, ob Sie möglicherweise einer unsinnigen und unrealistischen Idee folgen, die sich nun, im Laufe der Zeit, als für Sie ganz persönlich, falsch herausstellt. Sich so eine Fehlentscheidung zugestehen können – und dann einen neuen, besseren Weg einzuschlagen, fällt niemandem leicht.

Übrigens: Fehler eingestehen zu können, hat nichts mit dem Lebensalter zu tun. Es gibt schon Kinder oder Jugendliche, denen das nichts ausmacht und die nicht meinen, ihnen würde ein Zacken aus der Krone fallen, wenn sie vor sich selbst und anderen zugeben, dass sie sich »vergaloppiert« haben. Und es gibt Erwachsene, die dies bis ins hohe Alter nicht schaffen; manche sogar niemals. Wenn Sie das können, zeigt es aber, wie es um Ihre innere Reife und charakterliche Größe bestellt ist.

> *Zwischen Wichtigem und Unwichtigem zu unterscheiden,*
> *bildet das Geheimnis jeden Erfolgs.*
> Cyril Northcote Parkinson

Niemand auf dieser Welt ist vor Irrtümern gefeit – selbst hochgeistige und mental starke Menschen nicht. Gerade ihnen jedoch hält man es zugute, dass sie die Kraft und Einsicht haben, Fehleinschätzungen zu korrigieren. Situationen ändern sich, Menschen, auf die man baut, ändern sich. Es zeichnet Sie jedoch aus, wenn Sie sich umstellen und Ihre Ziele – und damit Ihren möglichen Erfolg – neu definieren.

Man kann niemanden überholen,
wenn man in seine Fußstapfen tritt.

François Truffaut

Die drei Basisregeln für Erfolg

Entscheidend sind drei Dinge:

- ◆ dass Sie sich selbst und Ihre Wünsche ernst nehmen. Das bedeutet aber nicht, dass Sie in einem Wolkenkuckucksheim vor sich hin träumen, sondern dass Sie realistisch bleiben (oder wieder realistisch werden). Klar: Aus einem hässlichen Entchen kann schon mal ein wunderschöner Schwan werden. Aber der Normalfall ist das nicht, sondern sehr, sehr selten. Sich selbst und die eigenen Wünsche ernst nehmen heißt: Werden Sie sich bewusst, was Sie können und wie gut Sie das können. Wer nicht wirklich singen kann, wird wohl weder als Superstar noch auf der Opernbühne dauerhaft erfolgreich sein. Wer keine Disziplin hat und strikt bei einer Sache bleiben kann, darf sich nicht wundern, wenn er sich verzettelt und nichts Halbes und nichts Ganzes auf die Reihe bekommt und letztendlich nichts aus seinen Bemühungen wird.

- ◆ dass Sie an sich selbst und Ihre Fähigkeiten glauben. Das bedeutet: Trauen Sie sich zu, Ihre Träume und Wünsche zu verwirklichen. Haben Sie keine Angst davor, ein wenig »herumzuspinnen« – aus so manch scheinbar unsinniger Idee ist ein erfolgreiches Geschäftskonzept geworden, das seinen Erfinder nicht nur zutiefst befriedigt, sondern auch die Möglichkeit einräumt, den Lebensunterhalt davon zu bestreiten. Vielleicht sogar materielle Reichtümer aufzuhäufen. Leben Sie Ihre Träume – und geben Sie ihnen Zeit und Raum zur Verwirklichung. Klar, Sie müssen ein gutes Fundament haben – eine Begabung, starken Willen und den Wunsch, Ihre Träume auch gegen Widerstände oder Zweifler zu behaupten. Wenn Sie das aber schaffen, wird Erfolg Ihnen sicher sein.

◆ dass Sie in der Lage sind, Rat und Hilfe anderer anzunehmen. Niemand kann sich allein gegen die ganze Welt behaupten. Es gibt aber immer – wirklich immer, manchmal muss man halt nur ein wenig suchen! – Menschen, die an Sie glauben, die Ihre Ideen und Träume gut finden. Die Ihnen mit Rat und Tat zur Seite stehen, die Ihnen Türen zu öffnen vermögen, die scheinbar verschlossen sind. Kaum jemand schafft es, seinen Traum ganz alleine, ohne Unterstützung zu verwirklichen. Wer sich aber Mitstreiter sucht, wer in der Lage ist, Hilfsangebote nicht nur zu erkennen, sondern auch anzunehmen, ist in einer hervorragenden Startposition.

> *Ehrliche, herzliche Begeisterung ist*
> *einer der wirksamsten Erfolgsfaktoren.*
> Dale Carnegie

Die Quelle für Erfolg: Keine Angst mehr – vor nichts und niemand

Angst lähmt uns.

Wie ein Karnickel vor der Schlange erstarren wir und sind zu nichts mehr fähig, wenn wir Angst haben.

Deshalb ist das Allerwichtigste: Lernen Sie, Ängste zu überwinden! Wie viele Menschen fangen gar nicht erst an zu träumen oder ihre tiefsten Wünsche auch nur zu denken, geschweige denn auszusprechen oder gar zu leben.

Sie haben Angst davor, sich lächerlich zu machen, keine Zustimmung zu bekommen – und letztendlich keinen Erfolg zu haben und zu scheitern.

Es gibt ein uraltes Sprichwort, das Sie – so banal es für Sie klingen mag – beherzigen sollten: »Wer nicht wagt, der nicht gewinnt!«

Wie wollen Sie herausfinden, ob Ihnen etwas gelingt, ob Sie mit einer Sache Erfolg haben, wenn Sie es gar nicht erst versuchen?! Wenn Sie sich selbst sagen: »Das kann ja gar nicht klappen. Das haben schon so viele andere versucht ...«

Woher wissen Sie, dass eine Sache genau deshalb bei Ihnen nicht doch »klappt«?

Weil die Zeit genau jetzt reif ist, weil Sie selbst auf ganz andere Erfahrungen zurückgreifen können, weil Sie das Ganze eben genau deshalb anders anpacken als die Menschen vor Ihnen.

Es gibt keine Garantien im Leben

Angst vor dem Versagen ist der größte Hemmschuh für Ihren Erfolg. Es gibt keine Garantien im Leben – weder für Erfolg noch für Gesundheit, weder für Glück noch für immerwährende Liebe. Sie können aber nur dann Erfolg haben, wenn Sie es anpacken.

Wenn Sie persönliche Schwächen überwinden, wenn Sie Ihren Ängsten ins Gesicht lachen und wenn Sie alles Ihnen Mögliche tun, um Ihre Ziele zu erreichen. Dafür müssen Sie bereit sein, den Tiger beim Schwanz zu packen, wie es in einem chinesischen Sprichwort heißt.

Der Erfolg kommt bestimmt nicht, wenn Sie in Ihrem stillen Kämmerlein sitzen, weinen und wehklagen, jammern und seufzen.

Sicher werden Sie auch Rückschläge erleiden. Harte und weniger harte. Solche, die schwer zu ertragen sind, und andere, die Sie leicht wegstecken. Lernen Sie, mit solchen Misserfolgen umzugehen.

 Kleine Taten, die man ausführt,
sind besser als große, die man plant.
George Catlett Marshall

Verharren Sie bei einem Fehlschlag nicht in der Haltung: »Ich hab es ja gleich gewusst, dass ich keinen Erfolg habe!« Das ist der verkehrte Weg. Klar, Sie dürfen niedergeschlagen sein, wenn etwas misslingt, und nicht mit einem falschen Lächeln drüber hinweggehen. Aber die Zeit Ihrer »Trauer« sollte nicht allzu lange währen: Sie sind vielleicht widrigen Umständen aufgesessen, haben einen falschen Zeitpunkt erwischt, haben vielleicht ein paar Kleinigkeiten nicht bedacht oder übersehen.

Jeder Mensch hat die Wahl

Sie haben immer – in jeder Situation des Lebens – zwei Möglichkeiten:

♦ Sie können sich in Selbstmitleid versenken und sagen: »Ich hab eben meine Grenzen, die kann ich nicht überschreiten. Das ist meine Bestimmung. Ich will mich auch gar nicht ändern, ich bin eben so, wie ich bin! Und die anderen haben das gefälligst zu akzeptieren.«

♦ Sie können sich wieder aufrappeln und sagen: »Okay, diesmal ist es schiefgegangen. Ich lerne aus diesem Fehlschlag, ich gehe einen anderen Weg, ich versuche es auf andere Weise.« Und: »Ich überdenke meine Ziele noch einmal. Habe ich zu schnell zu viel erreichen wollen? Nächstes Mal setze ich mir eine kleinere Etappe – dann kommt der Erfolg gewiss!«

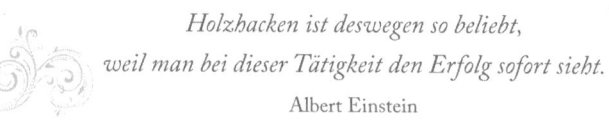

Holzhacken ist deswegen so beliebt,
weil man bei dieser Tätigkeit den Erfolg sofort sieht.
Albert Einstein

Das erste Geheimnis des Erfolgs: In sich selbst ruhen ist die Basis für jeden Erfolg.

Wer unausgeglichen ist, wer unzufrieden ist mit sich selbst und seiner Situation, wer mit seinem Leben hadert und wer nicht in Harmonie mit sich selbst lebt, kann nur in den seltensten Fällen erfolgreich sein.

Wie man sein Selbstwertgefühl aufbaut

Jeder Mensch kann seine »Grenzen« erweitern, kann über sich hinauswachsen und kann den »Himmel erstürmen«. Die Weite des Himmels ist bei jedem anders – höher oder weniger hoch, näher oder ferner, klarer oder verschwommener.

Wer alles akzeptiert und niemals über den Tellerrand hinausschaut, darf sich nicht wundern, wenn er stehen bleibt, wenn Unzufriedenheit und Unglücklichsein die Folgen sind.

Wer aber seine Begabungen und Talente immer wieder aufs Neue auslotet, schreitet voran. Sicher oft mit Rückschlägen, aber im Endeffekt mit persönlichem Erfolg.

Das Leben gleicht einem Buch: Toren durchblättern es flüchtig, der Weise liest es mit Bedacht, weil er weiß, dass er es nur einmal kann.

Jean Paul

Erfolg sollten Sie – das ist der kleine »Trick«, nicht dadurch definieren, was Sie haben – an Talenten, an Begabungen, an materiellen Werten. Sondern dadurch, was Sie erreichen können. Und: Sie können nahezu alles erreichen. Ihre Begabung ist sozusagen nur der »Start« – ans Ziel jedoch können unterschiedliche Wege führen. Denken Sie nur an solch herzergreifende Geschichten wie die vom Telefonverkäufer Paul Potts, der bei der TV-Show *Britain's Got Talent* gewann und eine Weltkarriere startete. Oder an Susan Boyle, die genau diesen Wettbewerb nicht gewann – aber trotzdem überall auf der Welt bekannt ist und gefeiert wird. Beides unscheinbare Menschen, oberflächlich von Jury und Zuschauern als »Verlierer« abgestempelt. Aber am Ende strahlende Gewinner. Weil sie an sich glaubten, weil sie sich durch Rückschläge nicht entmutigen ließen, weil sie im Kleinen immer wieder aufs Neue versuchten, ihre Ziele zu erreichen.

Klar, wir können nicht alle auf der großen Showbühne stehen. Erfolg fängt bei Kleinigkeiten an – und oft bleibt es auch, für andere, Außenstehende zumindest, bei Kleinigkeiten. Entscheidend aber ist stets, was die Etappen zum Erfolg für Sie ganz persönlich bedeuten. Ob Sie damit zufrieden sind, ob Sie Ihren Weg gehen. Ob Sie Kraft auf kleinen Schritten hin zu größeren schöpfen.

»Eigentlich müsste man …?«

Horchen Sie in sich hinein. Oft kommt uns der Gedanke an etwas Neues, Großes bei ganz banalen Begebenheiten. Wenn wir einen Film anschauen, Musik hören, ein Buch lesen, uns mit guten Freunden unterhalten oder im Urlaub einfach müßig am Strand sitzen und aufs Meer hinausschauen.

Haben Sie sich auch schon mal bei dem Satz ertappt: »Eigentlich müsste ich …?«

Führen Sie diesen Gedanken doch einmal fort: »Was muss ich tun, um …?«

Spinnen Sie mal ins Blaue hinein: Wie müssten Sie etwas anstellen? Was bräuchten Sie dafür? Wer könnte Ihnen helfen?

Fragen Sie sich: Warum packe ich das nicht selber an? Wer hindert mich daran?

Träumen Sie: Was wäre, wenn ich das erreiche?

Träume können wahr werden. Das beweisen jeden Tag aufs Neue unzählige Menschen. Sie müssen sich nur trauen, diesen Menschen nachzueifern. Im Großen wie im Kleinen.

KAPITEL 2

Mein Geheimnis:
Der plätschernde Bach

In unserer Kindheit und Jugend springen wir über Stock und Stein, gehen ganz unbefangen mit uns selber und den Menschen unserer Umgebung um. Wir beginnen erst langsam, nach dem richtigen Weg zu suchen – und finden Erfolg in kleinen Dingen. Wir bestimmen das Bild, das wir von uns und der Welt haben. Alles und jedes, was uns im Leben begegnet, hat seinen Ursprung in uns selbst. Wer es lernt, sich selbst zu überwinden, auch Unangenehmes anzunehmen und zu meistern, der wird seinen Weg unaufhaltsam gehen und sich von Widrigkeiten nicht aufhalten lassen.

 *Wo tief der Bach ist, läuft das Wasser glatt.*
William Shakespeare

Selbstüberwindung ist ein wichtiger Schlüssel

Es gibt – von klein auf – eine ganze Menge Dinge, die wir ungern tun, an denen wir keinen Spaß haben, die uns keine Freude machen. Unser Spielzimmer muss aufgeräumt werden, nach dem Toben auf dem Bolzplatz sollen wir sauber bei Tisch erscheinen, Schulaufgaben wollen erledigt sein, Mithilfe im Haushalt ist gefragt, auch wenn wir als Kinder oder Jugendliche so gar keine Lust dazu haben. Selbst ein geliebtes Hobby kann manchmal »lästig« werden, ganz zu schweigen von einem Ferienjob, vom frühen Aufstehen vor dem Weg zur Schule oder an den Ausbildungsplatz. Alle kleinen und größeren Pflichten eben, die wir eben, freiwillig oder unfreiwillig, erfüllen wollen oder müssen.

Es gibt nur eine Wissenschaft, die den Kindern beigebracht werden
muss: die der menschlichen Pflichten.

Jean-Jacques Rousseau

Kleine und große »Pflichten«

Auch wenn wir manchmal so »gar keine Lust« haben – jeder von uns
hat Aufgaben, die er tagtäglich erfüllen muss. Wir wissen: Wenn
wir nicht bereit sind zu lernen, werden wir keine guten Zeugnisse
haben. Daraus folgt unter Umständen ein ganzer Rattenschwanz
an Problemen – die sind zwar zu lösen, aber oft gehen wir damit
eben Umwege und bleiben nicht auf der graden Straße. Klar: Deswegen ist nicht unser ganzes Leben »verdorben« – es gibt immer
Möglichkeiten, auf Umwegen ans Ziel zu gelangen. Und es wird
immer Situationen geben, in denen wir ganz bewusst auch Umwege
einschlagen. Dennoch sind die großen und kleinen Pflichten, die
uns Tag für Tag erwarten, nicht unbedingt und ausschließlich Hin-
dernisse. Im Gegenteil! Sie sind Herausforderungen, die uns bereit
machen, das Leben zu meistern. Und zwar erfolgreich.

Du musst jeden Tag auch deinen Feldzug
gegen dich selber führen.

Friedrich Nietzsche

Hindernisse akzeptieren heißt, sie aus dem Weg räumen

Immer wieder müssen wir unseren »inneren Schweinehund« überwinden: beim frühen Aufstehen zum morgendlichen Jogging, beim
Einhalten einer Diät – selbst wenn wir uns beides selbst vorgenom-
men haben und »eigentlich« auch durchhalten wollen. Und umso
mehr müssen wir unsere Unlust besiegen bei der unausweichlichen

Begegnung mit Menschen, die uns nicht sympathisch oder angenehm sind. Wohl niemand hat Freude daran, mit einem übellaunigen Kollegen oder cholerischen Vorgesetzten umzugehen und zusammenzuarbeiten.

Es gibt vieles, was sich zum Hindernis entwickeln kann: die Erfüllung einer Aufgabe im Job, eine Tätigkeit im privaten Bereich, die uns einfach »nicht liegt«, Situationen, vor denen wir uns vielleicht sogar fürchten. Aus Angst vor einem Scheitern, davor, keinen Erfolg zu haben. Oder aus Angst, uns zu blamieren – im Job vor den Kollegen und Vorgesetzten, im Privatleben vielleicht vor unserem Partner und der Familie, sogar vor den eigenen Kindern, aber auch vor Freunden oder Sportskameraden.

Von drückenden Pflichten kann uns nur
die gewissenhafte Ausübung befreien.
Johann Wolfgang von Goethe

Genau diese Ängste zu überwinden aber macht uns mit jedem einzelnen Mal stärker. Wer trotz seiner Ängste handelt, nicht vor ihnen davonläuft oder sich von ihnen lähmen lässt, wächst letztendlich über sich hinaus.

In jeder Situation, in der wir es schaffen, uns der Angst zu stellen, erzielen wir einen Erfolg. Der kann klein oder groß sein – das kommt ganz auf die Situation an und darauf, wie sehr wir uns im Vorfeld haben einschüchtern lassen.

Jeder von uns kennt Umstände, in denen es uns besonders schwerfällt, frei von Angst zu handeln.

Nach und nach werden Sie feststellen: Jedes Mal, wenn Sie eine solche Situation meistern – und sei es nur bei Kleinigkeiten! –, werden Sie stärker.

Nach und nach wagen Sie sich an größere Dinge und trauen sich, auch scheinbar unüberwindliche größere Ängste anzugehen, bedeutendere Situationen und Probleme anzupacken – und zu meistern.

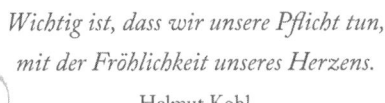

Wichtig ist, dass wir unsere Pflicht tun,
mit der Fröhlichkeit unseres Herzens.

Helmut Kohl

Das Bewusstsein um das eigene Handeln

Wer sich bewusst macht, aus welchen Gründen er etwas getan hat oder in der Zukunft tun will, reflektiert das eigene Handeln. Nicht all unser Tun können wir im Voraus planen. Es wird immer Situationen geben, in denen wir spontan agieren müssen. Weil unvorhersehbare Umstände oder das nicht kalkulierbare Verhalten anderer Menschen uns dazu zwingen. Oder könnten Sie sich vorstellen, dass Sie immer genau wüssten, wie eine Sache ausgeht? Wenn alles planbar wäre – wie langweilig wäre unser Leben dann?! Es wäre ohne jegliche Herausforderung, die wir meistern müssen. Ohne Höhen und Tiefen. Wir könnten weder Glück noch Trauer empfinden, alles würde lau und seicht.

Die Unwägbarkeit unterschiedlicher Situationen und die Unvorhersehbarkeit des Handelns anderer Menschen sollte uns jedoch nicht daran hindern, darüber nachzudenken, was wir bei einer bestimmten Gelegenheit tun könnten.

Sie haben Angst vor einem Gespräch mit Ihrem Boss oder vor einer Auseinandersetzung mit Ihrem Partner? Es hilft sicherlich, mehrere Situationen »durchzuspielen« – und sich so auf unterschiedliche Verhaltensweisen vorzubereiten. Personal Trainer tun das ebenso wie Psychologen mit ihren Klienten, um deren Selbstbewusstsein zu schulen und zu stärken. Sicher sind Sie auch dann nicht für alles gewappnet. Aber Sie strahlen bestimmt mehr Selbstsicherheit aus, als wenn Sie völlig unvorbereitet wären.

Kleine Taten, die man ausführt,
sind besser als große, die man plant.
George Catlett Marshall

Nachbereiten bringt Sie vorwärts

Es klingt unlogisch, dennoch ist es eine Tatsache: Wer sein Handeln im Nachhinein nochmals überdenkt und sich dabei bewusst macht, was in der Situation richtig, aber eben auch falsch »gelaufen« ist, gibt sich selbst automatisch das richtige Rüstzeug fürs nächste Mal. Ein nächstes Mal wird es immer geben – im Job, in der Familie, im Freundes- und Bekanntenkreis, in der Nachbarschaft.

Nur wer sein Heute und auch das Gestern klärt, ist für das Morgen vorbereitet. Versuchen Sie herauszufinden,

♦ ob Ihr Handeln für Ihr zukünftiges Tun förderlich oder eher hinderlich war,

♦ ob Sie es geschafft haben, innere und äußere Widerstände zu überwinden,

♦ ob Sie vor einer Auseinandersetzung zurückgescheut sind oder ob Sie »den Stier bei den Hörner gepackt« haben,

♦ ob Sie bei Ihrem Gegenüber auf Respekt gestoßen sind oder ob er Sie »untergebuttert« hat,

♦ ob es für Ihr Auftreten Alternativen gab und Sie diese nicht erkannt haben oder ob Sie auf dem richtigen Weg waren, die Situation jedoch einfach nicht mehr hergab,

♦ ob Sie im Nachhinein mit Ihrem Handeln zufrieden sind oder ob Sie Verbesserungsmöglichkeiten sehen.

Es gibt noch viele weitere Fragen, die Sie sich für die »Nachbereitung« stellen können. Es kommt immer auf die jeweilige Situation an. Gewöhnen Sie sich an, in wichtigen Situationen solche Fragenkataloge zu erstellen. Bei negativem und auch bei positivem Ausgang. Solch eine Reflexion hilft Ihnen dauerhaft und immer wieder aufs Neue, Ihr Verhalten richtig einzuschätzen und zu optimieren. Und letztendlich ist Ihr Erfolg dann unabdingbar.

Das zweite Geheimnis des Erfolgs: Wer seine Erfahrungen einzuordnen weiß und nutzt, kommt am besten voran.

Lernen Sie, Ihren Erfahrungsschatz zu nutzen. Und zwar im positiven Sinne! Nicht mit dem Gedanken: »Das wird sowieso nichts, das hat schon damals nicht geklappt.« Oder: »Ich hab schon so und so oft versucht, eine ähnliche Situation zu meistern – erfolglos! Warum sollte ich jetzt plötzlich ans Ziel kommen?!«

In solcher Weise negativ zu denken, hat nichts mit »Erfahrungen einordnen« zu tun. Ganz im Gegenteil: Es lähmt Sie und macht Sie damit unfähig, aus Erfahrenem zu lernen.
Verfallen Sie nicht in Trübsinn! Auch wenn es in Ihrem Leben bisher scheinbar unendlich viele »schlechte Erfahrungen« gab. Nutzen Sie lieber den riesigen Schatz an Erkenntnissen, den Sie seit Ihrer frühesten Kindheit angesammelt haben.

> *Der Schritt ist mehr als das Ziel.*
> Victor Auburtin

Aus Erfahrungen lernen heißt stets auch, die Gedanken nach vorne richten. Sie haben Misserfolge gehabt? Eine Situation ist nicht so verlaufen, wie Sie es gerne gehabt hätten? Dann verzweifeln Sie nicht, sondern analysieren Sie, was damals wie vorgegangen ist – und wer Ihre Mit- oder Gegenspieler waren:

◆ Wie haben Sie sich verhalten? Wie hat Ihr Gegenüber agiert?

◆ Wer war in der Situation anwesend? Haben sich da für künftige Situationen Änderungen ergeben oder ist alles beim Alten geblieben?

◆ Gab es Umstände, die sich Ihrer Kontrolle entzogen? Gibt es Möglichkeiten, solche Umstände weitgehend auszuschließen?

◆ Welche Voraussetzungen gab es für Ihr Handeln? Haben sich diese jetzt verändert? Oder sind sie gleich geblieben?

◆ Welche Absichten hatten Sie? Was wollten Sie erreichen – und was haben Sie tatsächlich erreicht?

◆ Waren Sie in der Situation emotional sehr engagiert? Oder konnten Sie kühl und überlegt handeln?

◆ Haben Sie vielleicht auch zu wenig an Gefühl und Engagement erkennen lassen und die Situation ist Ihnen gerade deshalb entglitten?

◆ Wie haben Sie nachher reagiert: Waren Sie zornig und wütend? Enttäuscht und entmutigt? Traurig? Emotional betroffen oder haben Sie das Ganze achselzuckend »abgehakt«?

Sie sehen: Es gibt eine ganze Reihe von Fragen, die Sie sich stellen können und sollten, um Ihre Erfahrungen auszuloten und richtig zu werten. Nur wenn Sie das tun, lernen Sie aus jedem Missgeschick und jedem Fehlschlag.

Es mag manchmal schmerzlich sein, alte Erinnerungen wieder ins Bewusstsein zu holen. Aber nur so haben Sie die Chance, mit alten unliebsamen Gewohnheiten zu brechen und erfolglose Verhaltensweisen abzulegen. Nur dann sind Sie in der Lage, in der Zukunft anders und vor allem erfolgreich zu handeln.

Achte auf deine Gedanken. Sie sind der Anfang deiner Taten.

Sprichwort aus China

Positiv nach vorne schauen – und nicht bedauernd zurück!

Es gibt wohl nichts Schlimmeres im Leben als verpasste Gelegenheiten. »Hätte ich doch nur …« ist einer der traurigsten Gedanken, den man haben kann. Stellen Sie sich nur einmal vor, Sie müssten das am Ende Ihres Lebens zu vielen Situationen sagen! Wie viel an verbummelten Chancen, entgangenem Glück und versäumter Liebe ist darin enthalten …

Zukunft ist die Zeit, in der du bereust,
das nicht getan zu haben, was du heute tun kannst.

Theodore Dreiser

Es gibt den schönen Spruch: »Heute ist der erste Tag vom Rest deines Lebens.« Wer ihn verinnerlicht, ist sich darüber bewusst geworden, dass es keinesfalls eine Garantie auf neue Chancen gibt und auch nicht auf die Möglichkeit, einen Fehler »ausbügeln« zu können.

Wenn Sie eine zweite Chance bekommen – dann haben Sie Glück gehabt. Erzwingen können Sie es nie. Schauen Sie deshalb nach vorne, freuen Sie sich auf neue Erfahrungen – und lernen Sie aus alten. Versinken Sie nicht in Bedauern darüber, dass irgendwann in Ihrer Vergangenheit etwas schiefgelaufen ist, und hadern Sie nicht mit dem Schicksal, weil es Ihnen nicht nur Freudiges und Positives beschert.

Leben Sie im Heute – und freuen Sie sich aufs Morgen

All Ihre Erfahrungen befähigen Sie dazu, Ihr Leben künftig anders anzupacken. Sie allein haben es in der Hand, den ersten Schritt in Ihre neue, positive und erfolgreiche Zukunft zu tun. Erklimmen Sie nur kleine Stufen auf der Treppe Ihres Lebens, bei ihnen ist der Erfolg beinahe schon »garantiert«.

Jeder noch so kleine Triumph beflügelt Sie. Und trägt Sie weiter – von kleinen zu immer größeren Erfolgen.

Der Schritt über die Schwelle ist der schwerste.
Sprichwort aus Deutschland

Sie sind ein Morgenmuffel und kommen nur schwer aus den Federn, wenn der Wecker klingelt?

Sie hassen nichts mehr, als früh aufstehen zu müssen?

Überwinden Sie sich.

Belohnen Sie sich, wenn Sie es schaffen – und freuen Sie sich ganz bewusst auf einen neuen Tag. Machen Sie sich klar, wie schön selbst ein Regentag sein kann. Genießen Sie die frische, klare Luft des Morgens, staunen Sie über den Sonnenaufgang. Selbst neblige Novembertage können beflügeln: Sie haben es warm und trocken – und Sie haben die richtige Kleidung, um Wind und Wetter zu trotzen.

Das alles sind nur Kleinigkeiten

Aber: Unser ganzes Leben, vor allem die alltägliche Routine, besteht aus solchen Details. Es bringt Sie nicht voran, wenn Sie ewig nur jammern, Vergangenem nachtrauern und nicht in der Lage sind, den Moment zu genießen. Nur wer das Leben anpackt und wirklich lebt, wird auch Erfolg haben.

> *Einen Vorsprung im Leben hat, wer da anpackt,*
> *wo die anderen erst einmal reden.*
> John Fitzgerald Kennedy

Vergangenes zurücklassen – vergeben, aber nicht vergessen

Geben Sie sich einen Ruck – und schließen Sie die Vergangenheit endlich ab. Das heißt nicht, dass Sie alles vergessen sollten. Wohl aber sollten Sie vergeben. Welchen Sinn hat es, ewig und immer wieder auf Vergangenem herumzureiten? Was ändert sich, wenn Sie Beleidigungen oder Missverständnisse, Streit und Zank im Gedächtnis behalten?

Wie positiv dagegen ist es, einen Neuanfang zu wagen! Ziehen Sie einen Schlussstrich unter alte Meinungsverschiedenheiten und Uneinigkeit. Hören Sie auf, unangenehme Begebenheiten in Ihrem »alten« Leben, in der Vergangenheit immer wieder in den Vordergrund zu rücken. Das macht Sie unfähig dafür, sich Neuem gegenüber positiv zu öffnen.

Lernen Sie aus Ihren Erfahrungen – und machen Sie es bei Gelegenheit ganz anders als früher. Bringen Sie frischen Wind in Ihr Verhalten. Nur so kommen Sie weiter – mental, emotional und geistig. Und in der Realität.

Der Lohn einer guten Handlung liegt darin,
dass man sie vollbracht hat.

Lucius Annaeus Seneca

»Schlechte Erfahrungen« gibt es nicht. Denn jede Erfahrung – ob
sie uns gefällt oder nicht, ob sie angenehm war oder nicht, ob sie uns
lachen oder weinen ließ – ist ein Prozess des Lernens. Unser ganzes
Leben ist Lernen. Wer meint, dass er irgendwann einmal »ausge-
lernt« hätte, ist auf dem Holzweg. Deshalb: Nehmen Sie all Ihre Erlebnisse als Chance wahr. Als Chance, alte Gewohnheiten und eher
negative Denkweisen abzulegen und zu neuen Ufern auszubrechen.

Unser Denken ist nicht automatisch Realität

Wir alle machen denselben Fehler: Wir sind unerschütterlich der
Überzeugung, dass unsere Erinnerungen »echt« sind, dass sie der
Realität entsprechen.
Doch damit sind wir auf einem gewaltigen Holzweg.
Ein kleines Experiment zeigt Ihnen, wie unterschiedlich »Realität«
sein kann – und dass es die eine, einzige Wahrheit nicht gibt:

♦ Bitten Sie einen guten Freund, sich an eine bestimmte Situation
  zu erinnern, die Sie beide erlebt haben. Dabei muss gar nichts
  Besonderes vorgefallen sein, es kann ein ganz banales Treffen in
  einem Café oder Restaurant gewesen sein.
♦ Schreiben Sie beide auf, was genau vorgefallen ist, an welche Details Sie beide sich erinnern. Selbst kleinste Dinge – die Kleidung
  der Anwesenden, die Gegenstände, die im Raum standen. Aber
  auch der Ablauf der Situation, welche Personen anwesend waren,
  was sie getan und gesagt haben, ihre Gestik und Mimik.

Wir werden nicht durch die Erinnerung an unsere Vergangenheit weise,
sondern durch die Verantwortung für unsere Zukunft.

George Bernard Shaw

Sicher ahnen Sie schon, worauf dieses Experiment hinausläuft?
Sie werden recht rasch feststellen, dass Sie völlig unterschiedliche
Erinnerungen haben. Dass nicht nur Kleinigkeiten nicht übereinstimmen, sondern dass auch Dinge, die Ihnen persönlich wichtig
und entscheidend scheinen, in der Erinnerung Ihres Freundes ganz
anders oder sogar überhaupt nicht stattfanden.

Was lernen Sie daraus?
Genau das Folgende:
Die angeblich so wichtigen Erfahrungen, die Sie in Ihrem Leben
gemacht haben, all die Situationen, die Sie als negativ oder positiv
einstufen, entsprechen zwar Ihrem Empfinden und Sie halten dies
alles für wahr. Dennoch sind sie nicht unbedingt ein reales Abbild
dessen, was »wirklich« geschehen ist. Daraus folgt der Schluss: So
manche unserer Erinnerungen haben sich ganz anders abgespielt.
Vielleicht war also manche Niederlage in Wirklichkeit ein Sieg?
Und so mancher Sieg in Wahrheit eine Niederlage?

Das angebliche Wissen unserer Erinnerung

In der Tiefe unserer Erinnerungen liegt so manches verborgen, was
wir verzerrt wahrnehmen. Sei es, weil unser Gedächtnis uns schlicht
und einfach trügt, sei es, weil wir emotional zu sehr verwickelt waren (und vielleicht noch sind) – oder sei es, weil wir uns selbst etwas
vormachen, also eine vergangene Situation gut- oder schlechtreden.

Dazu kommt noch, dass wir uns einfach an vieles gar nicht mehr richtig erinnern. An die Stelle unseres eigenen Gedächtnisses sind Bilder und Botschaften getreten, die uns tagtäglich von außen »eingespeist« werden. Nicht unbedingt in böser Absicht. Wir sind lediglich daran gewöhnt, mit zahllosen (und das im Wortsinn!) Informationen umzugehen. Wir werden regelrecht bombardiert damit – und es gibt oft keinerlei Chance auf Entkommen.

Die Erinnerungen früherer Zeiten nehmen von Jahrzehnt zu Jahrzehnt eine andere Gestalt und Wirkung für uns an.

Jean Paul

Jeder Mensch – das zeigen entsprechende wissenschaftliche Untersuchungen – kann sekündlich lediglich 126 Informationen verarbeiten. Um uns herum, in unserer tagtäglichen Umgebung, gibt es aber viel mehr an Botschaften für unsere Sinne: Geräusche beispielsweise, die an unsere Ohren dringen, wohl das meiste an Bildern, was wir sehen (aber gar nicht mehr wahrnehmen).

Wir würden wahnsinnig, wenn wir stets all die Informationen aus unserer näheren und ferneren Umgebung verarbeiten und uns bewusst machen würden. Eine ganze Menge »rauscht« daher an uns vorbei; die meisten Informationen gelangen gar nicht erst auf die bewusste Ebene unseres Hirns. Wir »gewöhnen« uns beispielsweise an manche Geräusche (etwa innerhalb unseres Hauses, auf der Straße, in der Natur) und »blenden« sie damit einfach aus. Natürlich bedeutet dies nicht, dass diese Geräusche verschwinden. Trotz der »Ausblendungen« all der auf uns einstürmenden Reize aber hat ein 70-Jähriger etwa 185 Milliarden Informationen zusammengetragen – eine unfassbar große Zahl. Jeder einzelne Gedanke und jede Handlung sind darin enthalten.

Unsere Einbildungskraft ist nichts anderes als unsere
Erinnerungen, die zur Gärung gekommen sind.

António Lobo Antunes

Aus ihnen schöpfen wir unsere vermeintlich unbestechliche Erinnerung, in ihnen finden wir unsere scheinbar eigenen Erfahrungen wieder. Versuchen Sie beispielsweise einmal, sich Ihre früheste Kindheitserinnerung ins Gedächtnis zu rufen. Sind Sie wirklich sicher, dass Sie sich »erinnern«? Oder ist diese Erinnerung Ihnen eingepflanzt worden durch die Erzählungen Ihrer Eltern oder Großeltern, durch ein Babyfoto im Familienalbum oder durch Erzählungen Ihrer Patentante?

Genauso geht es uns mit den Medien. Von Fernsehen, Film und mittlerweile Internet erhalten wir im Laufe unseres Lebens eine solche Unmenge an Informationen, wichtigen wie unwichtigen, essenziellen wie banalen, dass unser Gehirn manchmal kaum mehr in der Lage ist, klar zu trennen zwischen dem, was wir selbst erlebt haben, und dem, was wir vielleicht in einer Filmszene gesehen haben. Wir übernehmen die Erfahrungen anderer – und sind fest davon überzeugt, es seien unsere eigenen. Dieser Gefahr entgehen wir nur, wenn wir regelmäßig innehalten und nachdenken, vielleicht auch aufschreiben, was uns berührt, was uns wichtig ist und was wir vernachlässigen können.

Unangenehme Erinnerungen
blockieren unseren Erfolg

Leider sind wir Menschen »Gewohnheitstiere«. Das heißt: Wir ver-innerlichen positive wie negative Erlebnisse. Selbst wenn man sagt, die Erinnerung würde vieles verklären und in einem rosa Licht er-scheinen lassen: Schlechtes ist deshalb nicht in den Hintergrund ge-drängt. Allzu oft versinken wir in den eher nachdenklichen Phasen unseres Lebens, vor allem immer dann, wenn uns etwas misslingt, in Trübsinn und Selbstmitleid. Wir neigen dann dazu, herumzu-jammern, alles schwarz zu sehen.

Wohl niemand auf dieser Welt ist vor Rückschlägen gefeit. Auch die schönste Frau bekommt mal einen Korb, auch der liebenswürdigste Mann muss hin und wieder beim Flirt eine Niederlage einstecken. Umso schlimmer, wenn wir nicht lernen, mit Rückschlägen umzu-gehen. Am besten von klein auf.

Es gibt Zeiten im Leben eines jeden Menschen, da scheint uns alles zu misslingen: Wir verlieren den Job; die Bank, der wir unser Geld anvertraut haben, macht pleite. Unsere Partnerschaft geht auseinan-der; ein lieb gewonnener Mensch stirbt unverhofft; ein Familienmit-glied erkrankt unheilbar. Das sind große Probleme, die das Leben für uns oft bereithält. Sie scheinen uns unlösbar – und doch müssen wir mit ihnen umzugehen lernen. Oft schaffen wir das nicht allein, oft brauchen wir Hilfe: von Freunden oder von Fachleuten. Wir sollten uns nicht scheuen, solche Hilfe dann anzunehmen, vielleicht sogar einzufordern.

Zur Summe meines Lebens gehört im Übrigen,
dass es Ausweglosigkeit nicht gibt.

Willy Brandt

Dazu kommen unzählige kleine Probleme im Alltag: die Autopanne, der verpasste Bus, die missratene Frisur, drei Kilo zu viel auf der Waage, der nicht gelungene Geburtstagskuchen, das Regenwetter im Urlaub – suchen Sie sich selbst aus, was in Ihrem Leben alles schiefgehen kann. Gegenüber den großen Schicksalsschlägen sind das »Peanuts«. Aber sie treffen uns in der falschen Situation, und sie ziehen uns herunter, machen schlechte Laune und lassen vieles sinnlos und ohne Ausweg erscheinen.

Wir alle kennen das Gefühl, dass man sich am liebsten in einem Mauseloch verkriechen würde, weil ja »sowieso alles schiefgeht«, weil »uns ja eh alles misslingt«.

Was hilft dagegen?

Hoffentlich läuft ein auf die Tränendrüse drückender Film im Fernsehen, damit man sich mal so richtig ausheulen und im Weltschmerz versinken kann.

Damit sollte es dann aber auch genug sein.

Es hilft sicher nicht, wenn wir im Selbstmitleid schwelgen.

Es hilft aber wohl, wenn wir uns dann mal an die Dinge erinnern, die uns gelungen sind. An die schönen Stunden, Tagen, Wochen – vielleicht Monate und Jahre, in denen alles glattlief. Und wenn wir daran denken, dass es Menschen gibt, die uns helfen können und wollen. Wir sollten niemals die Scheu haben, diese Hilfe auch anzunehmen.

Aus diesen positiven Momenten schöpft man Kraft – und sie sorgen dafür, dass Negatives in den Hintergrund rückt.

Wenn wir dagegen im angeblich ständig vorhandenen Negativen geradezu schwelgen – tja, dann ist Misserfolg auf allen Ebenen praktisch vorprogrammiert.

Eine sitzende Krähe verhungert.
Sprichwort aus Island

Frustspirale

Dass Misserfolg zu Frust führt, vor allem, wenn wir wieder und wieder scheitern, ist verständlich. Unsere Frustrationen werden dann immer größer. Dieser Frustspirale jedoch kann man entkommen. Zum Beispiel, indem Sie sich selbst klarmachen, woher Ihre letztendliche Resignation kommt. Fragen Sie sich,

♦ was Sie genau erreichen wollen,
♦ was Sie dazu brauchen,
♦ wer oder was Ihnen dabei helfen kann,
♦ welchen Weg Sie dahin am besten einschlagen
   (vielleicht gibt es auch mehrere Wege?),
♦ was für Sie persönlich Erfolg genau bedeutet. Seien Sie damit möglichst konkret.

Hüten Sie sich davor, bei Ihrem persönlichen Fragenkatalog stets nur auf den Problemen herumzureiten, die Sie haben. Konzentrieren Sie sich lieber auf naheliegende Ziele. Auf solche, die im Bereich des Machbaren und Möglichen liegen, bei denen ein Scheitern vielleicht so gut wie ausgeschlossen ist.

Es hilft übrigens durchaus, wenn Sie Ihre Fragen und möglichen Antworten schriftlich niederlegen. Das hat auch den Vorteil, dass Sie nachschauen können, wie sich Ihre Ziele, Ihre Fragen und Antworten im Lauf der Zeit verändern. Änderungen wird es sicher geben, denn unsere Wertigkeiten verschieben sich in der Zeitspanne unseres Lebens, und das gewiss nicht nur einmal.

Man muss sich einfache Ziele setzen,
dann kann man sich komplizierte Umwege erlauben.
Charles de Gaulle

Machen Sie Schluss mit Frust und Niederlagen

Einfacher gesagt als getan, meinen Sie?

Täuschen Sie sich nicht – es ist einfacher, als Sie denken.

Das Erste und Wichtigste: Akzeptieren Sie Ihre Fehler, Ihre Mängel.

Vieles können Sie ändern – manches aber auch nicht. Notieren Sie sich, was Sie an sich mögen und was nicht, was Sie ändern würden, wenn Sie es könnten – und was eben unveränderbar ist.

Niemand auf der Welt ist perfekt.

Schauen Sie sich doch einmal um: Gerade Menschen, von denen wir glauben, sie seien perfekt – haben genauso viele, vielleicht andere, aber für sie selbst ebenso gravierende Fehler.

Da ist das Mädchen mit der Model-Figur, das sich immer noch für »zu dick« hält oder über andere Schönheitsmängel klagt. Da ist der Kollege, der als Single so viele Freiheiten hat, der aber dafür am Wochenende allein zu Hause ist.

Solche Vergleiche kommen Ihnen banal vor? Sie sind aber die Realität. Niemand ist perfekt. Niemand auf der ganzen Welt.

Nicht mal der Dalai Lama.

Aber jeder auf dieser Welt hat positive Eigenschaften und Begabungen.

Nutzen Sie diese – und stellen Sie nicht Ihre Mängel in den Vordergrund. Auch und gerade dann nicht, wenn Sie gerade im stillen Kämmerchen sitzen und Ihren »Frust schieben«.

> *Die Größe eines Flusses wird erst*
> *an seiner Mündung begriffen, nicht an seiner Quelle.*
> Marie-Joseph Pierre Teilhard de Chardin

Nehmen Sie sich die nötige Zeit, um sich selbst zu akzeptieren, und hören Sie auf, mit Ihrem Schicksal zu hadern.

Frust bringt Sie nicht weiter, sondern hält Sie vom Erfolg ab.

Nicht der Moment zählt, in dem Sie sich gerade schlecht und deprimiert fühlen. Sondern das, was Sie erreichen wollen. Und was Sie auch erreichen werden.

Glauben Sie an sich selbst.

Definierte Ziele führen leichter zum Erfolg

Viele Menschen, wohl die meisten, setzen sich keine genau definierten Ziele – und haben genau deshalb keinen Erfolg. Wer lediglich sagt: »Ich möchte glücklich werden«, oder: »Ich möchte einen tollen Job«, wird wohl vergebens warten. Denn so etwas wollen wohl die meisten erreichen. Besser ist es, seine Ziele – und damit den Erfolg – Schritt für Schritt zu planen. Stürmen Sie nicht gleich zu einem Ziel, das schwer zu erlangen ist, bei dem Sie vielleicht Jahre benötigen, um auch nur in die Nähe zu gelangen. Als Wissenschaftsassistent gleich nach dem Nobelpreis zu streben, ist möglicherweise ehrenwert, wird aber à la longe sicher eher eine Träumerei und ein Luftschloss bleiben. Eine Festanstellung in dem Institut, in dem

Sie aber gerade befristet arbeiten, oder die Mitarbeit bei einem Forschungsprojekt, das Sie besonders interessiert, liegt sicher eher im Bereich des Möglichen – und damit im Bereich dessen, was Ihr persönlicher Erfolg sein könnte.

Jeder Mensch setzt sich die Ziele,
die seiner Entwicklungsstufe entsprechen.

Emil Oesch

Trauen Sie sich! Der Erfolg wartet auf Sie ...

Sie werden – das sei ganz klar gesagt – keinen Erfolg haben, wenn Sie sich an die negativen Erlebnisse und Erinnerungen klammern. Es mag Ihnen schwerfallen, aber nur wenn Sie sich aufrappeln und nach vorne schauen, werden Sie Positives erleben.

Setzen Sie sich neue Ziele.

Konkrete Ziele. Keine nebulösen Luftschlösser.

Achten Sie darauf, dass diese Ziele in einem Rahmen sind, den Sie tatsächlich erreichen können. Viele Menschen haben auch deshalb keinen Erfolg, weil sie sich zu viel abverlangen.

Für das Können gibt es nur einen Beweis: das Tun.

Marie von Ebner-Eschenbach

Wer sich aber klarmacht, dass Erfolg machbar ist – einem aber nur selten ohne Anstrengung in den Schoß fällt, ist auf einem guten Weg. Aus Rückschlägen lernt man – und macht es das nächste Mal besser. Oder packt eine Sache anders an.

Seien Sie sich bewusst: Jeder Erfolg hat seinen Preis. Das kann Arbeit bedeuten, das Investieren von Zeit und Mühe, das Lernen durch Rückschläge. Vielleicht auch das Gehen von Umwegen und die Besinnung auf eigene Fehler.

Früh zu Bett und früh wieder auf, macht gesund, reich und weise.
Benjamin Franklin

Machen Sie sich klar, dass der Weg zum Erfolg oft steinig ist.
Besinnen Sie sich regelmäßig darauf, die eigenen Erfahrungen immer wieder zu hinterfragen und im Hinblick auf neue und anders gelagerte Situationen einzusetzen. Dann ist Ihnen früher oder später der Erfolg gewiss. Das Wichtigste aber ist es, das zweite Geheimnis des Erfolgs nicht aus den Augen zu verlieren: Lernen Sie, Ihre Erfahrungen richtig einzuordnen, und nutzen Sie die Lehren, die sich aus ihnen ziehen lassen.

KAPITEL 3

Mein Geheimnis:
Der ruhige Teich

Sich aufgehoben fühlen, Geborgenheit erspüren – wie das Bächlein in einen ruhigen Teich mündet, erfahren wir als Kinder die Harmonie unserer Eltern, unserer Familie. Hier sind wir sicher, hier fühlen wir uns »daheim«. Wir sehnen uns nach Nestwärme, nach der Obhut und der Unbeschwertheit, die in der Kinderzeit liegt.

Die meisten Menschen legen ihre Kindheit ab wie einen alten Hut.
Sie vergessen sie wie eine Telefonnummer, die nicht mehr gilt.
Nur wer erwachsen wird und trotzdem Kind bleibt, ist ein Mensch.

Erich Kästner

Geborgen sein im Hier und Jetzt

Erinnern Sie sich noch an Ihre Kindheit?
Was haben Sie damals für Erfahrungen gemacht, was ist in Ihrem Gedächtnis geblieben?

Wenn Sie in einer einigermaßen intakten Familie aufgewachsen sind, werden die Erlebnisse Ihrer Kinderzeit größtenteils positiv gewesen sein. Sicher verklärt sich manches im Laufe der Zeit. Streit zwischen den Eltern verdrängt man, Familienzwistigkeiten bekommt man als Kind vielleicht nur am Rande mit. Aber selbst Kinder, die durch das Trauma einer elterlichen Scheidung gehen, die mit neuen Partnern ihrer Eltern klarkommen müssen oder von einem alleinerziehenden Elternteil aufgezogen werden, haben nicht automatisch ausschließlich negative Erinnerungen gespeichert. So manches Mal ist das Verhältnis zum »verbliebenen« Elternteil besonders eng und innig. Oder man erlebt den »geschiedenen« Elternteil gar nicht mal als so sehr abgetrennt, sondern hat die Chance

auf das beglückende Gefühl, dass man jetzt zwei Familien hat, in denen man willkommen und daheim ist. Das mag nicht der Regelfall sein – aber es ist auch gar nicht so selten.

Kinder, die man nicht liebt,
werden Erwachsene, die nicht lieben.
Pearl S. Buck

Mit neuen Geschwistern eine neue Familie zu erleben kann und ist wohl auch in den weitaus meisten Fällen durchaus fruchtbar und nicht automatisch unangenehm. Wichtig ist, dass sich ein Kind geliebt fühlt. Von Mutter und Vater, und vor allem von demjenigen Elternteil, der die »Restfamilie« verlässt. Beide Eltern müssen dem Kind immer wieder ganz deutlich vermitteln, dass es keinesfalls eine Mitschuld an der Trennung hat. Nur so kommt es über die zweifellos schwere Zeit, die ja heute schon fast der Normalfall ist, weitgehend unbeschadet hinweg.

Mit einer Kindheit voll Liebe kann man ein
ganzes Leben aushalten.
Heinrich Heine

Wie war Ihre Kindheit?

Erforschen Sie Ihre Erinnerungen und setzen Sie sich mit Ihrer Kinderzeit auseinander. Ein paar Fragen helfen Ihrem Gedächtnis vielleicht ein bisschen auf die Sprünge. Nehmen Sie sich Zeit – und erinnern Sie sich vor allem an glückliche und unbeschwerte Tage und Wochen. An eben genau jene Momente, in denen Sie völlig unbeschwert Kind sein konnten:

- Wann hatten Sie eine besonders glückliche Zeit?

- Was ist Ihnen davon an Details noch präsent?

- Fühlten Sie sich geborgen bei Mutter und Vater? Wann eher mehr, wann weniger?

- Haben Sie schöne Zeiten bei Ihren Großeltern verlebt? Bei anderen Verwandten?

- Wie war es im Alltag?

- Wie sind Ihre Eltern mit Ihnen umgegangen? Respektvoll? Eher als »Kumpel«? Oder eher als gestrenge »Erziehungsberechtigte«?

- Fühlten Sie sich verstanden?

- Hatten Sie bei Ihren Eltern (oder einer anderen Vertrauensperson) mit Ihren großen und kleinen Sorgen und Problemen einen verständnisvollen Ansprechpartner?

- Hat man Ihnen »alles durchgehen« lassen oder wurden Ihnen klare Grenzen gesetzt?

- Was passierte, wenn Sie Ihre Grenzen ausgelotet haben? Als Kind und als Jugendlicher?

- Gab es Strafen – und wie sahen die aus? War danach alles wieder okay – oder wurde immer wieder darauf herumgeritten?

- Hatten Sie kleine Pflichten im Haushalt oder wurde Ihnen alles hinterhergetragen?

- Gab es Streit? Wenn ja: Wie wurde der gelöst?

- Wie kamen Sie mit Geschwistern und/oder Freunden aus?

Vielleicht hatten Sie traumhafte Ferien bei Oma und Opa.

Vielleicht haben Ihre Eltern gerade die Familienfeste ganz besonders gestaltet.

Oft sind es Kleinigkeiten und winzige Details, die sich in unser Gedächtnis eingegraben haben, an die wir mit einem wehmütig-sehnsüchtigen Lächeln noch heute zurückdenken. Aus dieser Quelle der Erinnerung lässt sich ungeheure Kraft schöpfen. Und die befähigt Sie, sich allen Widrigkeiten des Lebens zu stellen.

Lasst euch die Kindheit nicht austreiben.

Erich Kästner

Die Sehnsucht lässt sich stillen

Das warme Gefühl der Geborgenheit kann man sich immer wieder »herbeirufen«. Dafür aber braucht man etwas, das in unserer hektischen Zeit leider immer seltener geworden ist.

An das sich viele Menschen gar nicht mehr erinnern: Muße nämlich.

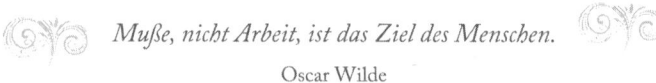

Muße, nicht Arbeit, ist das Ziel des Menschen.

Oscar Wilde

Auf Kommando, zwischen zwei Stressterminen mal schnell die Emotion kindlicher Nestwärme hervorholen? Das gelingt wohl nur den wenigsten Menschen. Selbst in dem, was wir heute Freizeit nennen, ist Muße kaum mehr möglich: Zu sehr sind wir selbst dann durchorganisiert. Hobby und sportliche Aktivitäten, Treffen mit Freunden und Familie, leider auch »unaufschiebbare Arbeiten« in Haus und Wohnung finden zwar außerhalb der Arbeitszeit statt. Selbst die in den Vereinigten Staaten übliche »Quality time« ist nicht automatisch Muße:

Man nimmt sich da zwar dann bewusst Zeit für die Familie, für soziale Beziehungen überhaupt. Aber all das ist im Grunde keine echte freie Zeit – Zeit, ohne verplant zu sein, Zeit, ohne irgendetwas tun zu müssen.

Haben Sie in Ihrer Freizeit Gelegenheit zu echter Muße?

Haben Sie wirklich »freie Zeit«?

Sind Sie nicht immer wieder gefordert – und finden nicht mal ein paar Minuten für sich selbst, für Ihre ureigenen Bedürfnisse?

Sind Sie nicht ständig eingespannt in ein enges, ja luftabschnürendes Korsett aus Terminen im Beruf und in der Nicht-Arbeitszeit, aus Verpflichtungen tagaus tagein?

Wir alle brauchen dafür Zeit – und eine entspannte Atmosphäre, um zu uns selbst zurückzufinden. Um uns das Positive in unserem Leben wieder ins Gedächtnis zu rufen.

Das, was man gemeinhin unter »Muße« versteht: Zeit für sich selbst. Bewusstes Innehalten.

> *Einen Tag ungestört in Muße zu verleben heißt,*
> *einen Tag lang ein Unsterblicher zu sein.*
> Sprichwort aus China

Gewöhnen Sie sich an, sich ganz bewusst Zeit für sich selbst zu schaffen.

Das klappt bei Ihnen nicht, meinen Sie?

Dann machen Sie sich bewusst, dass Sie selbst mindestens so wichtig sind wie alle anderen in Ihrer Umgebung.

Vernachlässigen Sie sich nicht selber.

Entwickeln Sie einen gesunden Egoismus.

Gerade Frauen fällt das oft nicht leicht: Fühlen sie sich doch schnell als »Rabenmutter«, wenn sie nicht ständig für die Kinder da sind. Die Mehrfachbelastung von Muttersein, Ehe- und Hausfrau, möglicherweise eines Voll- oder Teilzeitjobs führt dazu, dass immer weniger Zeit für einen selbst übrig bleibt. Dass man ein schlechtes Gewissen hat, wenn man sich mal ein paar Minuten »stiehlt«. Obwohl sich doch jeder andere in der Familie diese Zeit für die eigenen Bedürfnisse ganz selbstverständlich und vielleicht auch skrupellos auf Ihre Kosten nimmt.

Wie wollen Sie aber all diese Belastungen des Alltagslebens stemmen, wenn Sie nicht in der Lage sind, auf innere Ressourcen zurückzugreifen?

> *Ohne das Kind, das ihm hilft, sich ständig*
> *zu erneuern, würde der Mensch degenerieren.*
>
> Maria Montessori

Das dritte Geheimnis des Erfolgs: Wer sich kindliche Leichtigkeit bewahrt, wird das ganze Leben hindurch Erfolg haben.

Und wer das nicht tut? Der wird eher um Erfolg ringen müssen. Dem wird es nicht leichtfallen, sowohl im persönlichen Bereich – also der ständigen Weiterentwicklung von Charakter und Persönlichkeit – wie auch im beruflichen Umfeld – im Umgang mit Kollegen und als Vorgesetzter, aber auch beim Aufstieg im Job –, erfolgreich zu sein.

In der Ruhe liegt die Kraft

Wer in sich selbst ruht, wer Kraft aus sich selbst schöpfen kann, begegnet den unweigerlichen Widrigkeiten des Lebens ganz anders als ein Mensch, der unsicher ist und sich vor lauter Hektik nicht mehr »einkriegt«. Ruhig zu werden, sich nicht zu verzetteln, selbst große Probleme, die uns emotional beschäftigen, sachlich anzugehen – das ist eine Kunst, die einem in die Wiege gelegt wurde; aber man kann das auch erlernen und sich diese Fähigkeit regelrecht »antrainieren«.

> *Ein Kind ist ein Buch, aus dem wir lesen und in das wir schreiben sollten.*
> Peter Rosegger

Die Grundvoraussetzung dafür ist, dass wir mit uns selbst im Reinen sind. Dass wir um unsere Begabungen und Fähigkeiten wissen, dass wir unsere Erfahrungen richtig einordnen und uns nicht von negativen Gefühlen und Erlebnissen leiten lassen. Sondern im Gegenteil genau das »an unsere Oberfläche« holen, was uns positiv stimmt. Erfolgreich sein kann man nur, wenn man klar unterscheidet zwischen dem, was uns selbst in der Erinnerung als »schlecht« im Gedächtnis hängt, und dem, was objektiv wirklich »schlecht« war. Wobei – Sie wissen ja schon: »Schlechte« Erfahrungen gibt es nicht, auch aus unharmonischen Begegnungen oder uns negativ erscheinenden Situationen lernen wir, und damit sind alle unsere Erfahrungen wertvoll für die Ausbildung unserer Persönlichkeit, unseres Charakters und letztendlich für unseren Erfolg.

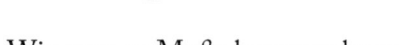

Wie man zu Muße kommen kann

Wir alle leben in einer sehr hektischen Welt.

Da ist der Job – oft nicht nur einer, sondern mehrere.

Da ist das Privatleben: Familie, Partner, Kinder, Verwandte.

Da sind Haushalt und Freizeit, die uns oft schier unmögliche Anstrengungen abverlangen.

Zeit für uns selbst? Das findet kaum mehr statt. Ohne bewusste Auszeiten aber, ohne wenigstens ein paar Minuten echte Muße am Tag, gehen wir langsam, aber sicher zugrunde. Wir sind keine Maschinen, die auf Knopfdruck reagieren und die man nur an die Steckdose anschließen muss, damit sie tagaus, tagein funktionieren.

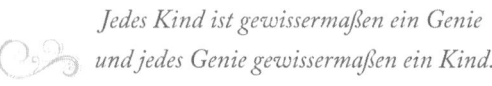

Jedes Kind ist gewissermaßen ein Genie
und jedes Genie gewissermaßen ein Kind.

Arthur Schopenhauer

Genau dieses »Funktionieren« aber findet bei vielen Menschen heutzutage statt. Wir haben einfach keine Zeit mehr für uns selbst. Wie in einem Hamsterrad laufen und laufen wir ständig vor uns hin. Wir sind kaum mehr in der Lage, selbst freie Zeit zu genießen. Wir stopfen auch Urlaub und Wochenende voll mit Spaßterminen. Nur ja nicht »nichts zu tun haben«. Immer muss »Programm« sein. Wer kein Hobby hat, wer einfach nur mal »abhängen« möchte, auf der Couch sitzen mit einem Buch oder auch mal ohne – der fühlt sich schuldig. Das geht so weit, dass wir uns selbst in den intimsten Bereichen unseres Lebens mit anderen vergleichen. Und wenn wir nicht genauso viel Leistung bringen wie (angeblich) alle anderen, fühlen wir uns unnormal und laufen zum Therapeuten. Der soll dann reparieren, was mit uns scheinbar nicht stimmt …

Die Gegenwart genießen – und sich nicht antreiben lassen

Machen wir's den Kindern nach! Kleine Kinder sind in der Lage, absolut und völlig hingegeben den Augenblick zu genießen. Beobachten Sie das mal auf einem Spielplatz: Selbstvergessen sitzt da manch ein Kleiner im Sandkasten und baut sich eine Sandburg. Er lebt genau in diesem Moment und er denkt gewiss nicht daran, dass er vielleicht bald nach Hause muss, dass dort dann die Badewanne auf ihn wartet, was er zum Abendessen bekommt, ob er noch fernsehen darf vor dem Zubettgehen und ob Mami oder Papi ihm noch eine Gutenachtgeschichte vorlesen.

Die Kinder kennen weder Vergangenheit noch Zukunft, und – was uns Erwachsenen kaum passieren kann – sie genießen die Gegenwart.

Jean de La Bruyère

Dieses Hingegebensein an den Augenblick geht uns Erwachsenen völlig ab – und leider gewöhnen wir es auch mehr und mehr unseren Kindern ab. So mancher Abc-Schütze hat heute bereits einen vollen Terminkalender – Schule, Hausaufgaben, Sport, Musikunterricht – selbst die Spielgruppe ist »organisiert«. Kein Wunder also, dass er dann als »Großer« ebenfalls in einem engen Zeitkorsett steckt. Und es gar nicht anders kennt, als von Termin zu Termin zu hetzen. Zeit für sich selbst? Ein paar Minuten zum Träumen? Um die Fantasie spielen zu lassen? Keine Spur.

Das ist schade. Und es macht kaputt.

Unsere Kinder.

Aber auch uns Erwachsene.

Wir können lernen, den Augenblick zu genießen. Uns hinzugeben an die raren Momente der Muße. Aus ihr schöpfen wir nämlich mehr Kraft als aus allem anderen.

Nur dann ist uns auch im Alltagsleben Erfolg beschieden.

Sportliche Betätigung – gut und schön. Aber wie oft artet dies, auch im Privaten, zu Wettbewerb aus, zu Leistungsdruck und sogar Kampf? Wir haben völlig vergessen, dass man auch Sport nur aus »Spaß an der Freud« machen kann.

◆ Aus dem früheren gemütlichen, aber trotzdem der Entspannung und Gesundheit dienenden Spaziergang wurde Walking oder Joggen. Und am besten bereitet man sich dabei »nebenher« auf sportliche Höchstleistungen wie den Marathonlauf vor.

◆ Der Besuch im Schwimmbad ist kaum Erholung, sondern man verbindet das gleich mit »ich muss heute 20 Bahnen schaffen«.

◆ Skifahren nur aus Freude an der winterlichen Landschaft? Nichts da: Da muss man die schwarze Abfahrt schaffen, und man packt in jeden Tag möglichst viel hinein.

◆ Ein Tag am Meer – einfach so? Mit Wellen beobachten, Muscheln sammeln, am Strand entlangspazieren? Ohne wenigstens Bodysurfen geht ja fast schon gar nichts mehr.

Man könnte fast den Eindruck gewinnen, wir alle würden stets für die Olympischen Spiele oder einen anderen Wettkampf trainieren.

Der Weg zum Erfolg führt bergauf. Versucht deshalb
nicht, Geschwindigkeitsrekorde aufzustellen.
Arthur Phelps

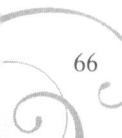

Selbstvergessen sein

Einfach mal auf eine Parkbank setzen und dem Gezwitscher der Vögel lauschen. Dem Trommeln des Regens zuhören, dem Säuseln des Windes, dem Rauschen des Bächleins.

Wenn Ihnen die Natur nicht so sehr »liegt« – dann versuchen Sie es mit dem Lauschen von Musik, mit einfach mal In-die-Luft-Schauen.

Anfangs ist das ungewohnt. Und sicher fragen Sie sich, was das alles mit unserem Thema »Erfolg« zu tun haben soll.

Das ist ganz einfach: Erfolg haben können Sie nur, wenn Sie sich selbst eine innere Leichtigkeit bewahren.

Wenn Sie – ob Sie Vorstandschef sind oder Unternehmerin, »ganz normaler« Arbeitnehmer oder »Nur-Hausfrau« – tief in sich drinnen noch spüren, dass Sie Kind geblieben sind.

Trotz aller Erfahrungen, trotz aller Jahre, trotz aller Pflichten, von denen Sie glauben, Sie könnten ihnen nicht entkommen.

Wer das glückliche Kind in sich erspüren kann, wer sich Momente schafft und genießt, in denen er aller Verantwortung und aller Pflichten ledig ist, erlebt aufs Neue – und immer wieder die Leichtigkeit des Seins.

Leben ist nicht nur Pflicht und Mühe. Nicht nur Arbeit und Eingespanntsein in die Tretmühle von Terminen und scheinbar Unaufschiebbarem.

Leben bedeutet auch: genießen.

Seele baumeln lassen. Innehalten. Sich besinnen.

Genau daraus Kraft schöpfen.

Denn nur wer sich kindliche Unbeschwertheit bewahrt, meistert das Leben. Erfolg stellt sich dann von ganz alleine ein.

Völlig losgelöst …

Wie schaffen wir es, uns aus der Tretmühle der Routine zu befreien?

Es geht nur, wenn Sie selbst es wollen.

Wenn Sie laut und deutlich »Halt!« sagen.

Das kann Ihnen kein anderer abnehmen. Und Sie sollten es tun, bevor Ihr Körper Sie dazu zwingt. Wollen Sie wirklich Raubbau an Ihrer Gesundheit und Ihrem Geist betreiben, bis es vielleicht zu spät ist? Welchen scheinbaren Erfolgen jagen Sie eigentlich hinterher?

Besinnen Sie sich jetzt – und lösen Sie sich aus dem Hamsterrad von Hektik und Alltagszwängen.

Ein paar Minuten täglich reichen schon aus. Und das kann jeder schaffen.

Machen Sie es den kleinen Kindern nach.

Alle Menschen sollten ihre Kindheit von Anfang bis Ende mit sich tragen.

Astrid Anna Emilie Lindgren

Zehn Minuten am Tag für sich selbst

Das allerdings ist das Minimum! Sie werden schnell merken, dass Ihnen diese »Auszeit« wichtig und unerlässlich werden wird. Und dann kommt es ganz von allein, dass Sie sich mehr Muße gönnen wollen – und werden.

Diese zehn Minuten aber sind ein Muss.

Gewöhnen Sie sich aber an, »Ihre Zeit« nicht zu versäumen.

Niemals.

Auch dann nicht, wenn Ihre Kinder sich streiten, wenn das Telefon klingelt, wenn die Türglocke schrillt oder Sie genau wissen, dass Sie »eigentlich« was anderes zu tun hätten.

Stopp! Nur Sie sind jetzt wichtig. Niemand sonst. Keine Aufgabe, keine Pflicht. Nicht Ihr Partner, Ihr Boss, Ihre Familie.

Schon aus diesen Gründen sollten Sie einen Zeitpunkt im Tagesablauf wählen, an dem Sie alleine sind. Eine Viertelstunde, in der im Normalfall niemand etwas von Ihnen will.

Es kommt ganz auf Sie an, wann Sie sich diese Zeit »freischaufeln« – eher morgens oder abends.

Aber: Tun Sie es!

Ruhe und innere Kraft, Leichtigkeit und damit Erfolg sind Ihre Belohnung.

 *Handeln. Dem Schicksal eine Richtung geben.*
Werner Mitsch

KAPITEL 4

Mein Geheimnis:
Der reißende Fluss

Oft werden wir von anderen »verführt«, ja regelrecht mitgerissen, und wissen nicht mehr so recht, wo unsere eigentliche Basis ist, wo wir hinwollen und wie der richtige Weg zu unserem Ziel verläuft, ja was unser Ziel ist. Wir laufen falschen Propheten hinterher, wir erkennen nicht, dass alles in uns liegt, dass Äußerlichkeiten uns nicht voranbringen. Wer sich verbiegt, bleibt auf lange Sicht erfolglos.

 *Weisheit ist des Lebens Auge.*
Sprichwort aus Deutschland

Gelassenheit als Basis unseres Lebens

Wie reagieren Sie, wenn Sie persönlich angegriffen werden? Regen Sie sich eher auf, fühlen Sie sich getroffen – oder sind Sie in der Lage, gelassen zu kontern? Dem amerikanischen Theologen Reinhold Niebuhr wird der folgende Satz zugeschrieben, der auch als »Gelassenheitsgebet« bekannt ist: »Gott gebe mir die Gelassenheit, Dinge hinzunehmen, die ich nicht ändern kann, den Mut, Dinge zu ändern, die ich ändern kann, und die Weisheit, das eine vom anderen zu unterscheiden.« Selbst jemand, der nicht an einen Gott glaubt, kann mit diesem weisen Motto etwas anfangen. Wünschen wir uns nicht alle die Kraft, unser Leben in Gelassenheit anzugehen?!

Vernunft ist innere Freiheit.
Stanislaw Lem

Gelassenheit hat nichts zu tun – das wird manchmal falsch interpretiert – mit Desinteresse oder Gleichgültigkeit, Trägheit oder gar Schicksalsergebenheit. Mit all dem hat solch ein Verhalten herzlich wenig zu tun. Wohl aber mit der Erkenntnis, dass es eben Dinge

und Situationen gibt, die man einfach nicht ändern kann, und dass es demzufolge wenig sinnvoll ist, sich über solche Gegebenheiten aufzuregen und sich von ihnen stressen zu lassen.

Das Geheimnis des Erfolgs ist die Beständigkeit des Ziels.
Earl of Beaconsfield Benjamin Disraeli

Wer sich hinreißen lässt …

… hat in den meisten Fällen schon »verloren«. Und wenn es nur die Beherrschung ist, die Sie unter bestimmten Umständen, in der Gegenwart und bei Äußerungen bestimmter Menschen verlieren. Gelassenheit kann man sich antrainieren. Niemand muss sich davon mitreißen lassen, wenn andere aufgeregt, gestresst oder nervös agieren. Manche Dinge kann man einfach nicht ändern, man muss sie hinnehmen und sie souverän überstehen.

Sie werden gewiss nicht auf Erfolg setzen können, wenn Sie sich von Banalitäten aus der Bahn werfen lassen. Wissen Sie, wie viele Menschen in unveränderbaren Alltagssituationen regelrecht »ausrasten«? Ob das ein Verkehrsstau ist oder schlicht das Wetter, das Ihnen einen »Strich« durch die private oder berufliche Rechnung macht. Ob es eine Autopanne ist, ein Elektrogerät, das den Geist aufgibt, oder eine unvorhersehbare Verspätung, die den gesamten »Tagesplan« zu Makulatur macht – wenn Sie an einer Situation konkret nichts verändern können, hat es wenig Sinn und bringt vor allem auch keinerlei konkrete Verbesserung, wenn Sie sich echauffieren.

Sinnloses Aufregen bringt niemandem etwas

Am wenigsten Ihnen selbst.

Im Gegenteil: Sinnloses »Sich-Aufregen« über Unabänderliches, womöglich sogar verbale Angriffe auf Ihre Mitmenschen, selbst wenn die unschuldig an einer Situation sind, lassen Sie in den Augen anderer eher klein erscheinen. Davon mal ganz abgesehen, dass man beim »Ausrasten« in Stimme und Wortwahl, in Gestik und Mimik schnell beleidigend oder sogar bedrohlich wirkt.

Was bringt es, wenn Sie am Flughafen jemanden vom Bodenpersonal anschreien, weil Ihr Flieger wegen Schneefall verspätet ist oder eine Verbindung komplett gestrichen wurde?

Was ändert es an der Situation, wenn Sie stocksauer sind oder gar »beleidigt«, weil ein Teamkollege einen Fehler macht und Sie deshalb mit einem Projekt in Verzug geraten?

Was nützt es Ihnen und anderen, wenn Sie sich so aufregen, dass Sie andere beleidigen? Und zwar nicht nur in der engen Fahrgastzelle des eigenen Autos, sondern gut für andere hörbar auch an anderen Orten?

Wer ist »schuld« daran, wenn Sie wegen eines Staus zu spät kommen? Alle anderen Verkehrsteilnehmer – oder Sie selbst, weil Sie Ihre Zeit zu knapp kalkuliert haben?

Sie sehen, woraus es hinausläuft?

Vieles von all dem, was unsere Lebensqualität scheinbar beeinflusst, können wir nicht verändern. Sich darüber aufzuregen, bringt uns aber genauso wenig weiter. Wäre es dann nicht besser, solche Unwägbarkeiten souverän »anzunehmen« und unsere Energie auf all jenes zu konzentrieren, was wir eben ändern können?

Tausend Libellen umgaukeln den Menschen und schillern und locken,
aber die schönste ist grau, wenn er sie endlich erhascht.

Friedrich Hebbel

Leichter gesagt als getan?

Es gibt Dinge, die kann man beeinflussen: durch bessere Vorbereitung, durch gründlicheres Planen. Aber selbst wenn dann etwas misslingt, kann man trotz aller Enttäuschung oder gar Zorn (auf sich selbst, weil man eben nicht genug vorgesorgt und bedacht hat), souverän reagieren. Deshalb sind Sie nicht kalt wie ein Fisch – Sie dürfen und sollen Gefühle zeigen. Das ist menschlich, das zeigt, dass Sie eben nicht »kalt wie ein Fisch« sind. Nur in der richtigen Relation zu den Ereignissen sollte Ihr Verhalten stehen. Ein kräftiges, von Herzen kommendes »Sch…« nimmt die erste Wut – und dann halten Sie bitte inne und atmen erst mal tief durch, bevor Sie sich weiter aufregen.

 *Die Flüsse sind Wege, die wandern,*
und die uns dahin bringen, wohin wir wollen.

Blaise Pascal

Sicher wünscht sich wohl jeder Mensch, in der Hektik des Alltags stets souverän und gelassen zu reagieren. Ganz gleich, was uns da so widerfährt.

Es würde unsere Nerven schonen. Wir würden in der Lage sein, Ruhe zu bewahren. Unser Leben wäre keine Aneinanderreihung von kleinen, unangenehmen Zwischenfällen, die Stress bringen und nervös machen.

Letztendlich käme es allen zugute: unseren Mitmenschen, weil die nicht ständig Gefahr liefen, neben einem ständig zur Explosion bereiten Pulverfass zu leben. Und uns selbst, weil die ständige »Bereitschaft«, uns aufzuregen und bei der geringsten Kleinigkeit »hochzugehen«, unserer Gesundheit, der körperlichen wie der emotionalen und der mentalen, ganz und gar nicht förderlich ist.

Gelassen entscheidet man besser

Wer gelassen agiert, trifft – das ist erwiesen! – bessere Entscheidungen. In allen Bereichen des Lebens, privat und im Job. Denn dann handelt man nicht unüberlegt aus einer spontanen Emotion heraus, nicht vorschnell und damit oft ungerecht.

> *Man soll die Dinge nicht so tragisch nehmen, wie sie sind.*
> Karl Valentin

Es gibt Menschen, denen ist solche Gelassenheit angeboren. Sie haben keinerlei Probleme damit, erst einmal Ruhe zu bewahren – selbst in der brenzligsten Situation. Bewundernswert, meinen Sie? Das stimmt zwar. Aber keine Sorge: Gelassenheit kann man sich antrainieren.

Das vierte Geheimnis des Erfolgs: Nur wenn wir uns an unser Selbst erinnern, an unsere Fähigkeiten und Talente, werden wir Erfolg haben.

Das heißt nichts anderes als: Wer sich seiner selbst bewusst ist und weiß, was er kann, dem fällt es leicht, selbst größere Probleme gelassen anzugehen. Im Berufsleben ebenso wie im familiären Bereich, bei Auseinandersetzungen mit dem Partner oder Unstimmigkeiten im Freundeskreis.

Sicher: Jeder hat mal eine »dunkle Stunde«, vielleicht sogar einen »schwarzen Tag«. Man kommt jedoch viel leichter sogar aus einer solch depressiven Phase, wenn man weiß, was man wert ist.

Wie gehen Sie eine Herausforderung an?

Jede Situation, auch die unangenehmste, kann man auf mehrere Arten angehen. Sie können sagen:

- ◆ »Ich schaff das nie – das sind unüberwindliche Schwierigkeiten.«
- ◆ »Ich schaffe die vordringlichsten Hürden erst einmal aus dem Weg – und dann wird sich eine Lösung aufzeigen.«

Es gibt immer wieder Situationen in unserem Leben, die uns vor scheinbar unlösbare Anstrengung stellen.

- ◆ Resignieren Sie sofort?
- ◆ Versuchen Sie wenigstens, die Aufgabe zu bewältigen? Und zwar in Ruhe. Indem Sie überlegen. Innerlich einen Schritt zurücktreten.

- Gehören Sie zu jenen, die erst einmal »HB-Männchen« spielen und sicherheitshalber in die Luft gehen?

- Was tun Sie, wenn etwas spontan zuwiderläuft?

Wenn also eine Situation eintritt, mit der Sie absolut nicht gerechnet haben. Das kann etwas Banales sein – wie der Schneesturm, der dafür sorgt, dass Ihr Flug gestrichen wird, wie der unbeliebte Teamchef, der überraschend zum Meeting kommt. Oder etwas Gravierendes – etwa, dass Ihr geliebter Partner fremdgeht oder dass ein enger Freund bei einem Unfall stirbt.

Bedeutende Erfolge sind auch die Ergebnisse überwundener Krisen.
Hans Arndt

Die weitaus meisten Probleme sind Aufgaben, die sich lösen lassen. Wenn Sie sich diese Sichtweise aneignen, sind Sie auf dem besten Weg zu gelassenem Handeln. Schauen Sie sich mal genau an, welches Problem da eigentlich vor Ihnen steht und so gewaltig zu sein scheint, dass Sie keinerlei Chance auf einen positiven Ausgang haben.

Fragen Sie sich selbst, warum das alles so unlösbar scheint.

Was sind die tieferen Gründe für Ihre Mutlosigkeit?

Haben Sie Angst vor der Aufgabe selbst? Davor, dass Sie nicht wissen, wie Sie es angehen sollen?

Fürchten Sie sich eher vor dem Resultat? Also beispielsweise, dass es nach einer (notwendigen) Auseinandersetzung mit Ihrem Partner unweigerlich zu einem Bruch kommt? Oder eben nicht zur Fortsetzung Ihrer Beziehung? Auch in einem solchen sicher nicht einfach lösbaren »Problem« kann man eine Herausforderung sehen:

zu Konsequenz, zu Erwachsenwerden, zu Emanzipation und zum längst fälligen »Freischwimmen« aus einer unbefriedigenden und unglücklichen Gemeinschaft, in der Sie vielleicht schon seit langer Zeit nicht mehr glücklich sind, es sich aber nicht eingestehen wollten. Ähnliches gilt auch für die Kündigung in einem Job, in dem Sie sich schon seit Jahren gemobbt oder auf andere Weise nicht anerkannt fühlen ...

Belohnt und bestraft werden wir für alles schon auf Erden.
Paula Modersohn-Becker

Das Training zu besonnenem Handeln

Es gibt drei Grundsätze, die Sie so verinnerlichen sollten, dass sie stets »abrufbar« sind und für alle Zeit in Ihrem Gedächtnis verankert:

- ◆ Akzeptieren Sie Unabänderliches.
- ◆ Ändern Sie, was sich ändern lässt
- ◆ Unterscheiden Sie zwischen Variablem und Unumstößlichen.

Genau das ist der Inhalt des »Gelassenheitsgebets«, das ich Ihnen weiter oben ans Herz gelegt habe.

Diese Grundsätze helfen Ihnen in jeder Lebenslage. Absolut in jeder. Bei kleinen Alltagsproblemchen ebenso wie bei einer großen Herausforderung, mit der Sie plötzlich konfrontiert werden. Sie sind die Basis für Souveränität, für Gelassenheit und damit – um es modern auszudrücken: für Coolness.

Schritt für Schritt zu mehr »Coolness«

Cool sein – genau das entspricht souveränem Verhalten. Allerdings keine gekünstelte »Coolness«, wie man sie von Jugendlichen kennt, die ja noch auf der Suche nach ihrer eigenen Identität sind und bei denen souveränes Verhalten in den meisten Fällen nur gespielt ist. Damit werden Unsicherheit und Unwissen überdeckt, damit will so mancher Jüngling Eindruck schinden: bei den anderen Jungs in seiner Peergroup, aber natürlich auch beim anderen Geschlecht. Auch Mädchen müssen sich cool geben, wenn sie in der Gruppe der Freundinnen bestehen wollen – und wenn sie den »einen und einzigen« für sich gewinnen wollen.

> *Coolness kannst du dir nicht kaufen. Cool bist du dann, wenn du ganz du selbst bist. Aber versuch ja nicht, cool zu sein – das ist extrem uncool.*
>
> Will Smith

Das Bild des reißenden Flusses aus der Überschrift dieses Kapitels trifft es schon ganz gut: Wir schwimmen uns frei ins Leben – aber so mancher unvermutete Strudel zerrt an uns; viele unvermutete Steine verbergen sich im Fluss, Untiefen lassen uns nicht frei schwimmen und Löcher im Flussbett lassen uns stolpern und versinken.

»Cool down« bedeutet im Grunde ja nichts anderes als: »Sei gelassen, bewahre einen kühlen Kopf!« Wer souverän und gelassen handelt, aus seinem tiefsten Inneren heraus, weil er in sich ruht, weil er um seine Fähigkeiten und Begabungen weiß, der ist »cool« im besten Wortsinne. Und damit völlig modern und up to date. Und ganz gewiss nicht altmodisch, verzopft und damit »uncool«.

Die Soforthilfe: Bewusst Atmen macht cool

Immer wenn Sie in einer brenzligen Situation sind – atmen Sie erst einmal tief durch. Das »entstresst« und das können Sie außerdem an jedem Ort der Welt machen. Sogar während eines Meetings, wenn der Chef Sie wieder mal dumm anmacht. Zusätzlich kann man auch noch langsam bis zehn zählen. Mit bewusstem Atmen geben Sie Ihrem Körper das ganz bewusst eingesetzte Signal zu Entspannung und damit Gelassenheit.

Die kleine Übung fürs stille Kämmerlein

Für zu Hause, aber auch im Auto oder bei einem Spaziergang gibt es ein weiteres Training, das Ihnen hilft, mit Stress besser umzugehen und zu mehr Gelassenheit zu kommen: Das Atmen im 50-Prozent-Rhythmus. Es geht ganz einfach (und jede Frequenz machen Sie drei- bis vier Mal):

- Atmen Sie langsam durch die Nase ein und zählen Sie bis acht. Durch den Mund ausatmen – ebenfalls auf acht.

- Erhöhen Sie die Atemfrequenz – durch die Nase ein- und den Mund ausatmen – aber lediglich bis vier zählen.

- Der nächste Schritt: Sie zählen nur bis zwei. Wenn Sie es schaffen, atmen Sie wieder durch die Nase ein und durch den Mund aus.

- Verringern Sie jeweils die Frequenz: zählen Sie auf eins, auf »ein halb«, auf »ein Viertel« – so lange, bis Sie praktisch hecheln.

- Dann zur Beruhigung tief durch die Nase ein- und den Mund wieder ausatmen.

Das bringt Sauerstoff ins Gehirn und macht es frei. Sie sind entspannt und ruhig – und können sich den wirklich wichtigen Dingen in Ihrem Leben zuwenden.

Wer sich nicht darauf einstellt, wie die Welt funktioniert,
wird niemals erfolgreich sein.
Josef Ackermann

Der erste Schritt: Aus Abstand Nähe gewinnen

Das klingt ein bisschen widersinnig, finden Sie?

Dabei ist es ganz einfach: Je näher Sie an einer Sache dran sind, je mehr Sie beispielsweise gefühlsmäßig involviert sind, desto weniger sind Sie in der Lage, objektiv zu urteilen. Deshalb ist diese Technik so hilfreich.

Sie treten einfach innerlich einen Schritt zurück.

Das kann man zwar nicht gerade am Konferenztisch machen, aber in jedem Meeting gibt es ja mal eine Pause. Und die können Sie sinnvoll nutzen. Für den »Schritt zurück« gibt es zwei Möglichkeiten:

◆ **Der innere Blick auf die aktuelle Lage:** Entspannen Sie sich. Schließen Sie die Augen und »beobachten« Sie sich selbst in der momentanen stressigen Situation. Ganz so, als würden Sie einen Fremden anschauen. Was würden Sie einem anderen raten? Was wäre das Beste, was derjenige tun könnte? Mit dieser Technik unterbrechen Sie Stress- oder Angstmechanismen und gewinnen Abstand. Und damit die Chance auf eine objektive Beurteilung. Kleiner, aber wichtiger und angenehmer Nebeneffekt für Ihren Körper: Sie werden ruhig und können gelassener agieren.

◆ **Der innere Blick auf die künftige Lage:** Entspannen Sie sich und atmen Sie sich ruhig. Und dann fragen Sie sich: Wie wichtig ist diese Situation in einem Jahr für mich? In fünf Jahren? In 20 Jahren? Stellen Sie sich vor, wie Sie nach zwölf Monaten das Ganze nur noch lächerlich finden; in einem halben Jahrzehnt erzählen Sie's als Partygag und in 20 Jahren ist die jetzt so prekär scheinende Situation vermutlich schon gar nicht mehr in Ihrem Gedächtnis vorhanden. Auch hier ist der Nebeneffekt: Sie durchbrechen die unangenehme oder peinliche Situation, die Sie so stresst. Sie werden ruhig und reagieren wieder souverän.

Lassen Sie sich nicht entmutigen, wenn es nicht so einfach geht, wie Sie es sich vorgestellt haben. Aber Aktivität und Entwicklung Ihrer eigenen Persönlichkeit führen zum Erfolg.

Alfred Herrhausen

Der zweite Schritt: Die »Cool down«-Fragen

Sie sorgen dafür, dass Sie nicht mehr rein emotional reagieren – also ängstlich oder eingeschüchtert, wütend oder aggressiv, beleidigt oder unverschämt. Sondern dass Ihr Verstand das Kommando übernehmen kann. Damit bekommen Sie den nötigen Abstand zur Situation und haben die große Chance auf Souveränität. Auch für die »Cool down«-Fragen sollten Sie sich eine kleine Auszeit nehmen; bei einem Meeting können Sie beispielsweise die nächste Kaffee- oder Raucherpause abwarten. Oder Sie bitten – ebenso wie bei einer privaten Auseinandersetzung – ganz klar um eine Unterbrechung: »Ich brauche jetzt mal fünf Minuten!« Das erfordert zwar auch Mut, ist aber einfacher, als eine Situation ganz an die Wand zu fahren.

Die Cool down-Fragen lauten:

- Was genau ist im Moment so schlimm/beängstigend/stressig?
- Was könnte im schlimmsten Fall passieren?
- Wie wahrscheinlich ist das?
- Wie schlimm wäre der »schlimmste Fall« wirklich?
- Was kann ich jetzt tun, um den »worst case« zu umgehen?

Der dritte Schritt: Es ist passiert! Und nun?

Nehmen Sie an, was Sie nicht ändern können.

In einem können Sie – auch wenn Sie das jetzt noch nicht zu sehen vermögen – sicher sein: In allem Negativen steckt ein Körnchen (oder mehr) an Gutem.

Heute können Sie beim besten Willen nicht erkennen, was das sein wird. Vom Verstand her sollten Sie sich nur eines bewusst machen: Die Erfahrung, die Sie heute gemacht haben, war dazu da, dass Sie etwas gelernt haben. Und wenn es nur das ist, dass Sie bei einem nächsten Mal, in einer ähnlichen Situation, anders vorgehen.

Sie werden sich besser vorbereiten.

Sie werden weniger Angst haben – und vor allem nicht zeigen.

Sie werden souveräner agieren.

Sie werden mit Ihren Emotionen gelassener umgehen, Sie werden Ihre Gefühle einschätzen und kontrollieren.

Und das heißt nichts anderes als: Sie werden erfolgreich sein.

Erinnern Sie sich an das vierte Geheimnis des Erfolgs: »Nur wenn wir uns an unser Selbst erinnern, an unsere Fähigkeiten und Talente, werden wir Erfolg haben.«

Machen Sie sich Ihre Stärken bewusst!

KAPITEL 5

Mein Geheimnis:
Der gemächliche Strom

Wer sich auf seinen Erfolgen ausruht, wird müde und langsam – und treibt damit im Strom, ohne Aussicht auf neue Impulse. Wir sind jedoch alle Individuen, jeder ist anders – und im tiefsten Grunde dennoch gleich. Wichtig ist, den eigenen Platz und die eigene Lebensaufgabe zu erkennen.

Vernunft und Gefühl sind die Sonne und der Mond am moralischen Firmament. Immer nur an der heißen Sonne würden wir verbrennen; immer nur im kühlen Mond würden wir erstarren.
Friedrich Maximilian Klinger

Neugierig bleiben aufs Leben

Gewohnheiten und Routine schleichen sich schnell ein in unser Leben. Wie rasch ist beispielsweise der »Zauber« bei einem verliebten Paar oft verflogen, wenn das Alltagsleben die beiden Partner, nach all den rosaroten Wolken der ersten Emotionen, wieder im Griff hat. Genauso ist es mit allen anderen Abläufen: Im Berufsleben arbeiten wir uns ein und erledigen unseren Job dann routiniert. Das hat viele Vorteile – denn wir können unsere ganze Erfahrung einbringen.

Es kann aber auch schnell und oft unbemerkt Nachteile bringen: Wir werden allzu selbstsicher.

Was noch schlimmer ist: Wir sind an anderen, neueren Abläufen gar nicht mehr interessiert.

»Warum ein bewährtes Konzept ändern?«

»Es läuft doch alles so gut.«

»Und wer weiß, ob das »Neue« wirklich besser ist …?«

Kommen Ihnen diese oder ähnliche Aussagen bekannt vor?

Sie kommen nicht nur im Job vor. Wir alle kennen so etwas auch aus dem ganz privaten Umfeld.

Wer nicht neugierig ist, erfährt nichts.

Johann Wolfgang von Goethe

Seien Sie neugierig – im besten Sinne des Wortes. Wer sich einlullen lässt von Althergebrachtem und von Alltagsroutine, dem fällt es immer schwerer, Neues anzupacken. Ja selbst einfach nur mal nachzuforschen, ob und was es an Neuem gibt.

Neugierig sein bedeutet nicht, dass Sie ständig Augen und Ohren offen halten, damit Ihnen ja nichts von all dem entgeht, was in Ihrer Umgebung passiert. Oder dass Sie »auf Teufel komm raus« allem hinterherjagen, nur weil es neu ist und Sie deshalb, und ausschließlich aus diesem Grunde, meinen, es müsse besser sein.

Die Idee ist eine andere: Sie sollen sich wieder aufraffen, das Leben mit all seinen Facetten zu sehen. Eingefahrene Gleise zu verlassen. Frischen Wind um die Nase wehen zu lassen – und den Mief des Alten hintanzustellen.

Es gibt für mich nur eine Qualität,
die mich weiterbringt, und das ist die Neugier.

Daniel Barenboim

Frischen Wind in die Routine bringen

Das wirkt Wunder. Denn es zeigt neue Impulse auf.
In allen Bereichen Ihres Lebens: in der Partnerschaft, im Job, in Ihrem Alltag. Wie viele Menschen wissen mit ihrem Leben nicht so recht etwas anzufangen?!

Immer wieder durchleben sie dieselben Abläufe: morgens mehr oder weniger leicht aufstehen, Frühstück, die Fahrt an den Arbeitsplatz, der eher geliebte oder eher gehasste Job, Feierabend, nach Hause kommen, Fernseher an, ins Bett gehen. Das Wochenende sieht nicht viel anders aus – auch da schleichen sich schnell immer wieder dieselben Abläufe ein: Man geht immer wieder auf den Markt, hat immer wieder Brunch mit denselben Leuten, schläft am Sonntag immer bis in die Puppen, damit man sich in der folgenden Arbeitswoche wenigstens einigermaßen ausgeruht fühlt.

Sogar im Urlaub macht man nichts Besonderes – viele Hunderttausend fahren immer wieder an denselben Urlaubsort. Über Jahre und Jahrzehnte hinweg. Denn: »Da kennen wir uns aus, da gibt es keine unliebsamen Überraschungen!«

Das mag richtig sein – Überraschungen passieren vielleicht selten oder nie. Weder negative noch positive.

Aber passiert denn überhaupt noch etwas?

Können wir die kleinen schönen Dinge, die es auch im tristen Alltag oder am immer wieder besuchten Ferienort gibt, überhaupt noch wahrnehmen und genießen?!

Der erfolgreiche Film *Und täglich grüßt das Murmeltier* treibt diese Routine auf die Spitze. Auch der Held des Streifens resigniert erst, fühlt sich gefangen im Teufelskreis des ewigen Einerleis. Dann aber wacht er auf – und macht etwas aus seinem immer wieder durchlebten gleichen Tag: Er lernt Klavierspielen. Er entdeckt die Fähigkeit zu Empathie und Hilfsbereitschaft. Und natürlich gibt es ein Happy End …

Auch Sie können ein Happy End haben.

Nicht nur eines – das ganze Leben lang können Sie es sich so einrichten, dass sich ein Happy End ans andere reiht. Das ist nichts anderes, als erfolgreich zu sein.

Nicht unbedingt nach außen, für die anderen.

Sondern ganz für sich persönlich.

Auf dieser Erfolgswelle schwimmen Sie oben mit.

Triste Langeweile kennen Sie dann nicht mehr. Sie müssen sich nicht mehr berieseln lassen von Fernsehen oder Computer. Sie leben Ihr Leben wieder mit »vollem Einsatz«. Das ist spannender als jeder Film.

Gestalten Sie Ihren eigenen »Film«: nicht allein, sondern gemeinsam mit Ihrem Partner, Ihrer Familie, Ihren Freunden.

Dazu braucht es nicht viel. Nur den Wunsch und Willen, endlich zu leben. Den Schritt zu wagen. In ein neues Leben voller Spannung, auf das Sie neugierig sind und das Sie voller Leidenschaft erwarten.

Was alle erfolgreichen Menschen miteinander verbindet, ist die Fähigkeit,
den Graben zwischen Entschluss und Ausführung äußerst schmal zu halten.
Peter F. Drucker

Wer den ersten Schritt geht, ist auf dem besten Weg

Ihr fester Entschluss, Routine zu durchbrechen und sich künftig von lähmenden Gewohnheiten zu befreien, ist der erste Schritt. Nehmen Sie sich die Zeit, genauer zu erforschen, was Sie an Ihrer momentanen Situation gut finden – und was Sie ändern wollen. Ein paar Fragen helfen Ihnen vielleicht weiter:

♦ Fühlen Sie sich wohl in Ihrer Wohnung, in Ihrer Partnerschaft, im Freundeskreis, im Job?

- Sind Sie zufrieden mit Ihrem Leben – oder haben Sie den Eindruck, es fehle etwas? Vielleicht sogar etwas Entscheidendes?

- Haben Sie oft Langeweile? Wissen Sie nichts mit sich anzufangen?

- Oder – im Gegenteil – suchen Sie krampfhaft nach immer neuen Reizen? Ist Ihnen nichts mehr gut genug?

- Fühlen Sie sich gefangen in einem Korsett aus kleinen und großen Pflichten? Können Sie diese auch einmal ablegen, können Sie mal »alle fünf gerade sein« lassen?

- Können Sie sich noch an kleinen Dingen erfreuen? Oder sind Sie immer wieder enttäuscht, weil jemand Ihnen etwas »Unpassendes« schenkt – obwohl es kostspielig war?

- Haben Sie Angst vor neuen Ereignissen? Vor Unwägbarkeiten? Davor, dass sich etwas ändert?

- Oder sind Sie so mit Veränderungen beschäftigt, dass Sie keinerlei Muße mehr für sich selbst und Ihre Lieben finden?

Gedanken wie in diesen Fragen zeigen Ihnen auf, wo Sie nicht mehr »richtig« lebendig sind. Ob Sie eher vor sich hin vegetieren – lustlos und ohne Anreiz. Oder ob Sie vor lauter Verplantsein keinerlei Chance mehr auf wirkliches Leben haben.
Befreien Sie sich aus dem Gefängnis.
Durchbrechen Sie die Gitterstäbe, die Sie fernhalten vom Er-Leben.

»Dürfen« Sie ausbrechen?

Was spricht dagegen?

Sie sind ein freier Mensch. Sie haben sich lediglich einigen Sachzwängen unterworfen.

Befreien Sie sich von Gedanken wie: »Das tut man nicht.« Oder: »Ich muss aber doch noch …« Oder: »Das könnte ich einfach nicht …«
Sie können.

Wer schreibt Ihnen vor, was »man tut«? Welche Konventionen müssen Sie einhalten?

Es gibt nichts, das man beim dritten Anlauf nicht meistern könnte.

Sprichwort aus China

Aus der Routine auszubrechen bedeutet ja nicht, dass Sie verantwortungslos handeln. Sie werden nicht Ihren Job hinwerfen – einfach so, aus einer Laune heraus. Oder dass Sie Ihren Partner samt Kindern verlassen, um mal eben einen Trip in die Südsee zu machen. Wenn es in Ihrer Beziehung nicht mehr stimmt, haben Sie sicherlich das Recht, vielleicht sogar um Ihrer selbst willen die Pflicht, die Sache zu beenden. Aber bitte fair.

Fairness und die Befreiung von Routine schließen sich ja nun nicht aus. Verantwortung für den anderen (auch und gerade für Kinder) heißt nicht: sich selbst auf immer und ewig aufzuopfern oder eigene Bedürfnisse stets zu vernachlässigen.

Es ist manchmal ein schmaler Grat, die richtige Entscheidung zu treffen. Sie sind vor Fehlern nicht gefeit. Sie werden auch mal falsch entscheiden – und daraus lernen.

Andererseits: Sie leben Ihr Leben.

Nicht das Leben anderer.

Einen Bruchteil deiner Wünsche wird man höchstens dir gewähren.
Willst du einen Baum erlangen, musst du einen Wald begehren.

Sprichwort aus Russland

Herausfinden, was für Sie selbst das Beste ist

Wenn Sie nie in Ihrem Leben Erdbeereis gegessen haben, werden Sie niemals wissen, ob es Ihnen schmeckt.

Wenn Sie niemals über den Tellerrand hinausschauen, bleiben Sie stets in einem engen Umfeld gefangen.

Mag ja sein, dass es Ihnen da gefällt. Aber das können Sie eben nur dann beurteilen, wenn Sie das andere kennengelernt haben.

Gerade in Entscheidungen für sich selbst und damit scheinbar »gegen« andere, tun sich viele Menschen schwer.

Sie wollen niemanden verletzen. Sie haben Angst davor, dass eine Beziehung zerbricht, dass sich andere abwenden von ihnen, wenn sie sich »egoistisch« entscheiden.

Selbstvertrauen ist der Name, den wir dem Egoismus der Erfolgreichen beilegen.

Elbert Hubbard

Kann Egoismus etwas Positives sein?

»Gesunder Egoismus« bedeutet nicht, dass Sie auf niemand anderen mehr Rücksicht nehmen. Aber dass Sie sich selbst eben auch wichtig nehmen. Dass Sie berücksichtigen, was Ihre eigenen Bedürfnisse sind. Und dass Sie diese Bedürfnisse eben auch ausleben können. Es gibt viele Situationen, die auf den ersten Blick »egoistisches Handeln« vermuten lassen. Doch blickt man ein wenig genauer hin, erkennt man etwas anderes.

Ein Beispiel ist etwa die junge Mutter, die ihr Kind – in den Augen der Nachbarn und anderer Mütter – »abschiebt« in den Kindergarten oder in die Ganztagesstätte, weil sie ihrem Beruf nachgehen will. Ist das egoistisch von ihr? Wie kann eine Mutter den Job ihrem Nachwuchs »vorziehen«?

Der zweite Blick zeigt dann: Bevor die junge Frau zu Hause mit ausschließlich Haushalt und dem Versorgen des Kinds »versauert«, unzufrieden und unglücklich ist, erhält sie sich durch ihre Entscheidung für den Job mehr Lebensfreude – die sie an ihr Kind und auch ihren Partner weitergibt.

> *Egoismus besteht nicht darin, dass man sein Leben nach seinen Wünschen lebt, sondern darin, dass man von anderen verlangt, dass sie so leben, wie man es wünscht.*
>
> Oscar Wilde

Ist es egoistisch, sich selbst und auch anderen deutlich zu zeigen, wo persönliche Grenzen sind? Auf das Einhalten dieser Grenzen zu pochen, zeichnet einen starken Charakter aus. Deshalb ist man nicht unfähig zu Kompromissen. Man weiß lediglich um die eigenen Bedürfnisse – und im Grunde folgt man einem sehr christlichen Grundsatz: »Liebe dich selbst.« Erst dann nämlich, wenn man ganz und gar »bei sich« ist, kann man auch andere lieben und achten.

Grenzen setzen – Würde bewahren

Sie entscheiden, was Sie mit sich machen lassen.

Wie weit Sie an Ihre eigenen Grenzen gehen und wo Sie diese setzen. Dabei kommt es immer auf Ihre momentane Situation an: Haben Sie beispielsweise einen Kredit abzuzahlen und brauchen dafür notwendigst Ihren Job mit allen anfallenden Überstunden? Dann werden Sie, hoffentlich nur vorübergehend, sich eher mit ein paar Unannehmlichkeiten am Arbeitsplatz abfinden als jemand, der in finanzieller Hinsicht eher gut situiert ist. Das heißt aber selbstverständlich nicht, dass Sie sich alles bieten lassen müssen. Es hängt jedoch ganz allein von Ihnen ab, wie weit Sie da gehen.

Finden Sie heraus, wo Ihre Grenzen liegen. Wo stehen Sie? Im Beruf, in Ihrer Partnerschaft, in der Familie, im Freundeskreis.

Sind Sie anerkannt und fühlen Sie sich in den jeweiligen Beziehungsgeflechten wohl? Oder haben Sie das Gefühl, an manchen Punkten ist keine Balance gegeben?

Man kann die eigenen Grenzen nur feststellen, indem man sie gelegentlich überschreitet. Das gilt für jene, die man sich selbst setzt, ebenso wie für jene, die einem andere setzen.

Josef Broukal

Wie weit sind Sie bereit zu gehen?

Die persönlichen Grenzen, die Sie ziehen, hängen von mehreren Faktoren ab:

- ◆ Für wie wichtig halten Sie sich selbst?
- ◆ Lassen Sie sich alles gefallen, weil Sie Angst vor einem Verlust haben? Das kann der Arbeitsplatz sein, aber auch eine Beziehung.

♦ Stellen Sie an andere Forderungen – und wenn ja: welche? Fordern Sie mehr, als Sie selbst zu geben bereit sind?

♦ Was wird im Gegenzug von Ihnen erwartet? Ist Geben und Nehmen in der Waage? Oder fühlen Sie sich ständig übervorteilt?

Wenn Sie sich diese Fragen ehrlich beantworten, wissen Sie, wo Sie stehen. Dann können Sie sich entscheiden: Weitermachen wie bisher – und fehlenden Erfolgen nachtrauern? Einen Neuanfang starten, das Leben zum Besseren wenden – und künftig erfolgreich sein?

Man muss wissen, wie weit man zu weit gehen kann.

Jean Cocteau

Freundschaft um jeden Preis – wo ist da die Grenze?

Natürlich ist man für einen Freund auch nachts um drei da, wenn es um wirkliche Probleme geht. Das kann der schlimme Liebeskummer sein, eine Scheidung, ein Schicksalsschlag durch einen Unfall oder eine Krankheit, aber auch eine schwerwiegende berufliche Entscheidung. Oft können Sie gar nichts Konkretes tun, um Ihrem Freund zu helfen – einfach das Zuhören bringt ihn schon weiter.

Welche Hilfe Sie leisten können, ist sicher von Fall zu Fall völlig unterschiedlich. Sie werden es sicher auch gerne tun, Sie werden, wenn es Ihnen möglich ist, auch finanzielle Unterstützung geben. Denn Sie halten es – zu Recht! – für Ihre Pflicht, für einen Freund da zu sein.

Problematisch wird das Ganze dann, wenn Sie das Gefühl haben, Ihnen würden Pflichten übertragen, die Ihnen zu schwerwiegend scheinen, beispielsweise, wenn eine Freundin so sehr auf Ihren Rat baut, dass sie überhaupt nichts mehr ohne Ihre Tipps entscheidet und unternimmt.

Wenn Sie tagtäglich zu nachtschlafender Zeit aus dem Bett geklingelt werden, um ein und dasselbe Problem zum hundertsten Mal zu besprechen.

Wenn Sie die Verantwortung für Entscheidungen zugeschoben bekommen, die ohne Ihren Rat angeblich nicht gefallen wären.

Unsere Zeit ist eine Zeit der Erfüllung,
und Erfüllungen sind immer Enttäuschungen.
Robert Edler von Musil

In solchen Fällen bleibt Ihnen nichts übrig, als klare Grenzen zu ziehen. Zum einen kann es nicht sein, dass Sie zum Sündenbock für die Entscheidungen anderer gemacht werden. Zum anderen darf es nicht passieren, dass Ihre eigenen Gefühle verletzt und missachtet werden. Niemand kann von Ihnen verlangen, dass Sie Ihr eigenes Leben komplett umstellen und aufgeben, um nur noch für Ihre Freunde da zu sein. Das führt früher oder später zu Frustrationen.

Sie haben die Wahl. Sie müssen sich nur entscheiden!
Wenn Sie wissen, wo Sie stehen, sind Sie in der Lage, Konsequenzen zu ziehen:

- Die erste Möglichkeit: Sie lassen alles beim Alten und verändern nichts oder lediglich Kleinigkeiten. Weil Sie mit Ihrer Situation zufrieden sind. Oder weil Sie Angst vor Veränderungen haben. Denn Sie wissen ja nicht, ob sich etwas zum Besseren oder Schlechteren wendet.

- Die zweite Möglichkeit: Sie beginnen mit Veränderungen. Weil Sie wissen, wie viel Sie sich selbst wert sind. Sie legen Altes ab, brechen mit Gewohntem. Sie fangen etwas Neues an.

*Das fünfte Geheimnis des Erfolgs: Wir sind
dann erfolgreich, wenn wir abwägen, was
uns guttut – und uns fernhalten von allem,
was uns »hinunterzieht«.*

*Alle Kunst praktischer Erfolge besteht darin, alle Kraft zu jeder Zeit
auf einen Punkt – auf den wichtigsten Punkt – zu konzentrieren und
nicht nach rechts oder links zu sehen.*

Ferdinand Lassalle

*Freunde begleiten Sie auf
Ihrem neuen Weg zum Erfolg*

Viele Menschen haben noch als Erwachsener Freunde aus der Kin-
der- und Schulzeit – und diese Freundschaften halten ein Leben
lang. Andere haben einen großen, ständig wechselnden Bekanntenkreis, darunter aber nur einige wenige Freunde – aber die gehen
mit ihnen durch dick und dünn. Der eine kennt seine Freunde über
Jahrzehnte, die Beziehungen sind in langen Jahren gewachsen und
durch Höhen und Tiefen gegangen. Der andere »sortiert« seine
Freunde alle paar Jahre neu – behält aber mit den »Auserwählten«
eine intensive Beziehung.

*Die Freundschaft fließt aus vielen Quellen,
am reinsten aber aus dem Respekt.*

Daniel Defoe

Es gibt keine allgemeingültige Form für alle Menschen. Wohl jeder wünscht sich gute Freunde, so mancher ist überzeugt davon, echte Freunde zu haben. Erst in schwierigen Zeiten zeigt sich: Jemand, den Sie für einen Freund gehalten haben, ist wankelmütig und verdünnisiert sich beim kleinsten ernsthaften Problem. Ein anderer, den Sie lediglich zu Ihren eher flüchtigen Bekannten zählten, erweist sich bei Schwierigkeiten als echter Freund. Erfolg jedoch werden Sie nur haben, wenn Sie auf ein Netzwerk aus sozialen Beziehungen – eben Freunden! – zurückgreifen und zählen können.

Die Basis für gute Freundschaft ist stets gleich

Der amerikanische Psychologe Keith E. Davis hat das Phänomen Freundschaft untersucht. Er stellte in einer Studie fest, was die Menschen von ihren Freunden erwarten. Vier wichtige Punkte sind die Basis für Freundschaft:

1. Anerkennung und Respekt, und zwar so, dass keiner in der Freundesbeziehung versucht, den anderen »umzumodeln«. Man erkennt den anderen so an, wie er ist. Und man erwartet umgekehrt dasselbe. Man schätzt die guten Seiten des Freundes. Möglicherweise bewundert man ihn in manchen Situationen. Man hat vor allem keinerlei Probleme damit, die eigene Wertschätzung zu äußern, den Freund also auch zu loben.

2. Unterstützung und Hilfe – und zwar gegenseitig in allen möglichen Lebenslagen. Als Helfer beim Umzug, als Mit-Organisator der Silvesterparty, als Unterstützer(in) beim Ausheulen im Liebeskummer oder nach einem Misserfolg im Job. Wenn hier die Balance nicht stimmt, weil Sie irgendwann erkennen, dass Sie selbst zwar immer Hilfsbereitschaft zeigen und stets »da sind«, der andere jedoch dies nur ausnutzt, dann ist die Freundschaft keine (mehr). Das gilt übrigens auch umgekehrt – also wenn Sie selbst ständig Ausreden vorbringen, wenn Sie Ihrem Freund bei Problemen und in schwierigen Situationen beistehen sollten.

3. Spaß und Vergnügen an der Gesellschaft des jeweils anderen. Sicher kennen Sie den Satz, »Freunde kann man sich aussuchen, Verwandtschaft nicht!« Wir alle suchen unseren Freundeskreis unter anderem danach aus, welche gemeinsamen Interessen wir haben. Hobbys, Sport, Freizeitgestaltung oder Urlaub sind da entscheidende Antriebsfedern für übereinstimmende Berührungspunkte.

4. Verstehen und Vertrauen: In einer freundschaftlichen Beziehung wollen wir uns niemals verstellen müssen. Wir möchten uns so geben, wie wir sind, wir spielen keine »Rollen« und sind in der Lage, kleine Macken und Fehler gegenseitig zu akzeptieren. Sich selbst mal gehen zu lassen ist möglich (allerdings nicht als Dauerzustand!), ohne dass der andere sich von uns abwendet. Dazu kommt: Freunden bringen wir Vertrauen entgegen – und wir wünschen uns inniglich, dass dies an keinerlei Bedingung geknüpft ist. Es gibt keine oder nur sehr wenige Geheimnisse. Wir offenbaren echten Freunden vielleicht sogar unsere dunklen Seiten, verborgenen Wünsche und Leidenschaften – in der Hoffnung, dass sie gut aufgehoben sind und nicht am nächsten Tag überall herumgetratscht werden.

Gerade in diesem letzten Punkt – dem unbedingten Vertrauen – zögern die meisten Menschen oft. Nicht ganz zu Unrecht. Denn auch in einer Freundschaft muss sich jeder seine Eigenständigkeit bewahren, und so manches »Geheimnis« ist nicht einmal für gute Freunde bestimmt.

Allerdings: Wenn Sie einem Freund etwas Intimes anvertrauen, müssen Sie absolut sicher sein können, dass es bei ihm gut aufgehoben ist. Umgekehrt gilt das selbstverständlich genauso!

Es ist eine Kunst in der Freundschaft wie in allen Dingen, und vielleicht daher, dass man sie nicht als Kunst erkennt und betreibt, entspringt der Mangel an Freundschaft, über welchen alle Welt jetzt klagt.

Ludwig Tieck

Wo stehen Sie in Ihren Freundschaften?

Überlegen Sie sich mal in aller Ruhe, welche Freundschaften Sie im Laufe Ihres Lebens gehabt haben. Von der Kindheit bis heute. Damit sollen Sie herausfinden, was Freundschaft für Sie bedeutet. Diese Fragen helfen Ihnen dabei:

♦ Warum haben Sie sich von manchen Freunden getrennt? Es gibt ganz banale Gründe: ein oder mehrere Umzüge, eine andere berufliche Ausbildung oder Laufbahn, ein »Auseinanderleben«.

♦ Oder gab es einen handfesten Streit, nach dem Sie sich nicht mehr versöhnten? Was war der Anlass? Ist da keinerlei Versöhnung möglich? Auch nach langen Jahren nicht?

♦ Welche Freunde kennen und schätzen Sie heute (noch)?

♦ Warum haben sich diese freundschaftlichen Beziehungen erhalten? Gibt es sie noch, werden sie von Ihnen beiden gepflegt?

♦ Vernachlässigen Sie Ihre Freunde? Oder sind im Gegenteil Sie stets derjenige, der den Kontakt aufrechterhält?

Ein treuer Freund ist ein starker Schutz;
wer den hat, der hat einen großen Schatz.

Sirach 6, 14

Über Freundschaft ist viel gesagt worden. Dichter haben sie verklärt, berühmte Männer und Frauen haben über sie geschrieben. In vielen Sprichwörtern aus Ländern in der ganzen Welt wird sie verherrlicht und sogar die Bibel ist eine wahre Fundgrube weiser Sätze zu diesem Thema. Viele Zitate zeigen über alle Zeiten und Grenzen hinweg: Freunde sind unentbehrlich für unser soziales Leben. Cicero beispielsweise vergleicht einen Freund mit einem »zweiten Ich« (»Amicus alter ego«); Aristoteles nennt Freundschaft »eine Seele aus zwei Körpern« und der amerikanische Philosoph Ralph Waldo Emerson meint: »Ein Freund ist ein Mensch, vor dem man laut denken kann.«

Erfolg beruht im Allgemeinen auf dem Wissen,
wie viel Zeit zum Erfolg nötig ist.

Charles Baron de Montesquieu

Ohne soziales Netzwerk sind wir nicht (über)lebensfähig

Unsere Fähigkeit, Freundschaften zu schließen und zu bewahren, ist die wichtigste Basis unseres gesellschaftlichen Gefüges. Und damit auch der Schlüssel zum Erfolg.

Ohne Freunde vereinsamen wir, schließen wir uns selbst aus der menschlichen Gemeinschaft aus. Früher gab es große Familien, in denen sich der Mensch aufgehoben fühlte, von denen er wusste: »Hier werde ich getragen, hier habe ich die Basis für mein gan-

zes Leben.« In unserer modernen westlichen Gesellschaft dagegen spielt die Familie als kleinste Einheit der Gesellschaft keine so wichtige Rolle mehr. Deshalb sind Freundschaften wichtig. Sogar lebenswichtig! Denn Forschungen zeigen: Menschen, die ohne Freunde und damit ohne soziales Netz leben, leiden auch körperlich. Sie haben wesentlich mehr Stress und erkranken eher an Herzinfarkt und Bluthochdruck.

Die Fähigkeit zur Freundschaft ist in unseren Erbanlagen begründet. Wir alle sind – das hatte schon Aristoteles im antiken Griechenland erkannt – soziale Lebewesen (griech. »zoon politikon«), die ohneeinander nicht leben können. Manchmal verringert sich diese Freundschaftsfähigkeit im Laufe eines Lebens, unter bestimmten Situationen. Immer jedoch kann man sie neu lernen.

Wer es versteht, sich ein ganzes Geflecht aus menschlichen Gefühlsbeziehungen zu schaffen, lebt glücklicher, erfüllter und kann sich – kommt es tatsächlich einmal zu Problemen – aufgefangen und behütet fühlen.

Ein Netz aus Freundschaften fällt niemandem in den Schoß. Man muss es sich erarbeiten: über den ersten Kontakt, über Sympathien, die man sich erwirbt und die zu tiefen freundschaftlichen Gefühlen führen mögen. Erst dann haben wir eine weitere Gewähr dafür, unser Leben mit Erfolg zu krönen. Nur wer zu sich selbst und damit auch zu seinen Fehlern steht, wer seine eigenen Bedürfnisse, Wünsche und Ziele kennt, ist offen für Neues. Auch für neue Bekanntschaften, aus denen vielleicht Freunde werden.

Das bedeutet aber bitte nicht, dass Sie sich Freundschaften ausschließlich unter dem Aspekt suchen: Wer kann mir nützen? Wer bringt mich weiter in meiner beruflichen Laufbahn? Obwohl heutzutage gerade auch soziale Netzwerke via Internet dafür sorgen, dass Erfolge im Job eher möglich sind.

Zwei Freunde müssen sich im Herzen ähneln,
in allem anderen können sie grundverschieden sein.
Sully Prudhomme

Das Optimum: Geben und Nehmen
sind in der Balance

Freundschaft besteht immer aus Geben und Nehmen; nicht nur im materiellen, sondern auch im übertragenen Sinne. Dieses Gleichgewicht sollte immer gewahrt bleiben.

Das heißt selbstverständlich nicht, dass Sie jedes Mal genau nachchecken: Was habe ich heute in die Freundschaft eingebracht, was hat mir der andere dafür gegeben? Aber wenn Sie irgendwann das Gefühl haben, Sie seien ins Hintertreffen geraten, die Waagschale würde sich zu Ihren Ungunsten verschieben, sollten Sie – zunächst für sich alleine, dann gemeinsam mit Ihrem Freund – überlegen, was anscheinend schiefläuft, was man ändern kann.

Der Mut meiner Freunde gibt mit Kraft.
Sprichwort aus Arabien

Das Gleichgewicht muss auf lange Sicht stimmen

Über einen kürzeren Zeitraum hinweg kann sich das Gleichgewicht durchaus einmal verschieben: wenn Sie beispielsweise umziehen und Ihre Freunde Ihnen tatkräftig zur Seite stehen – und dies tage-, vielleicht sogar wochenlang. Oder wenn Sie einen schlimmen Schicksalsschlag erleiden und in dieser Phase einfach nicht in der Lage sind, aus einer vorübergehenden Depression heraus für andere da zu sein. In solchen Fällen – ob banal oder wirklich schwerwiegend – ist es nicht schlimm, wenn Sie nicht sofort Gelegenheit oder Zeit haben, die Bemühungen und die Unterstützung Ihrer Freunde gebührend zu »honorieren«. Diese Chance kommt aber bestimmt – und die sollten Sie dann auch ergreifen. Nur wenn die Balance stimmt, sind Sie in Ihrer Freundschaft auf Dauer erfolgreich.

> *Wer Freunde ohne Fehler sucht, bleibt ohne Freund.*
> Sprichwort aus Deutschland

Ob Ihre persönlichen Beziehungen im Gleichgewicht sind, könnten folgende Fragen klären:

- ♦ Haben Sie den Eindruck, Sie würden mehr Zeit und Gefühl in die Freundschaft investieren als der andere?
- ♦ Fühlen Sie sich manchmal ausgenutzt?
- ♦ Oder haben Sie im Gegenteil den unbefriedigenden Eindruck, Sie würden mehr bekommen, als Sie jemals zurückgeben können?
- ♦ Wer ruft in Ihrer Freundschaft öfter an – Sie oder Ihr/e Freund/in? Wer hält eher Kontakt – per E-Mail, SMS, Telefon oder Besuch?
- ♦ Bringen Sie beide gleichermaßen Ideen und Anregungen für gemeinsame Freizeitgestaltung, Urlaub oder Hobbys ein?

- Wer organisiert das Ganze? Wenn nur einer der »Organisator« und Macher ist: Hat der andere Fähigkeiten und Begabungen, die das ausgleichen? Bringt er diese auch ein?
- Wer zahlt beim Restaurantbesuch – immer Sie, immer der andere? Wechseln Sie sich ab, teilen Sie sich die Rechnung?

Selbst wenn Ihnen da jetzt manches kleinlich vorkommt: Gerade Kleinigkeiten machen oft den Stress (aber auch das Schöne) in einer Freundschaft aus. Und kleine Gesten sind es auch, die eine Freundschaft ebenso wie eine eheliche oder Liebesgemeinschaft am Wachsen und Werden halten.

Freundschaft mit Kollegen – geht das?

Das Prinzip »Geben und Nehmen« gilt genauso für Freundschaften, die am Arbeitsplatz entstehen. In solchen Situationen spielen allerdings nicht nur die »normalen« Emotionen eine Rolle, sondern es kommen noch viele berufliche Querverbindungen hinzu:

- Es kann zu Gruppenbildung und nachfolgend Intrigen kommen.

- Man gerät – bei einer Freundschaft mit einem Vorgesetzten oder Untergebenen – schnell in den Verdacht der »Vorteilsnahme«, auch Vetternwirtschaft genannt.

- Private Probleme in einer Freundschaft übertragen sich auf den Job, Probleme am Arbeitsplatz werden oft ins Private hineingetragen. Kaum jemand kann Privates und Berufliches wirklich völlig trennen.

- Zu Neidgefühlen kann es kommen, wenn der Freund plötzlich Karriere macht, man selber aber nicht. Beide haben es dann

schwer: der eine, weil er sich unter Umständen nicht genügend gefördert oder geschätzt fühlt, der andere, weil er plötzlich einem guten Freund vorgesetzt ist.

Freundschaften am Arbeitsplatz sind eine diffizile Angelegenheit, die viel Fingerspitzengefühl innerhalb der Beziehung und auch gegenüber den Außenstehenden erfordert. Ist aber alles im Lot, können solche Beziehungen eine gute Basis für beruflichen, aber auch privaten Erfolg sein.

Was eine Freundschaft stören kann

Solange wir uns gut aufgehoben fühlen, sind wir stark und erfolgreich. Wir denken nicht darüber nach, welche Fehler und Macken der andere hat, die uns vielleicht einmal stören könnten. Wir sehen über Kleinigkeiten hinweg, weil es eben liebenswerte Eigenheiten sind. Spätestens aber, wenn es zur ersten kleinen Unstimmigkeit kommt, ist all die Großzügigkeit, die uns vorher mit vollen Händen geben ließ, nicht mehr selbstverständlich. Wobei sich das Geben sowohl auf Materielles bezieht wie auf Seelisch-Geistiges. In jeder Beziehung – ob in der Partnerschaft, Liebe und Ehe oder in einer »rein freundschaftlichen« – muss man einmal der Schwache und einmal der Starke sein können, einmal der Nehmende und einmal der Gebende. Diese Rollen müssen sich abwechseln, nur dann fühlen wir uns auf Dauer gut und ausgeglichen. Und nur dann ist einer Freundschaft Erfolg beschieden.

Die heilsame Sendepause

Es ist meist ein sehr schmerzliches Erwachen, wenn man feststellen muss: »Ich bin ausgenutzt worden, ich habe jemanden für meinen Freund gehalten, der mich hintergangen hat!«

Jeder von uns kennt diese Situation: Erst ist man wütend, dann wartet man auf eine Entschuldigung, auf eine Erklärung. Kommt die nicht, haben nur die wenigsten den Mut, die ganze leidige Angelegenheit anzusprechen; viele schalten auf stur (»soll der doch kommen!«) – und legen eine Sendepause ein. Wenn man Pech hat, währt die sehr lange, vielleicht für immer.

> *Erfolg ist wie ein scheues Reh. Der Wind muss stimmen,*
> *die Witterung, die Sterne, der Mond.*
> Franz Beckenbauer

Pausen können einer Beziehung durchaus guttun. Auch zu Zeiten, in denen man sich gut versteht. Um einfach mal alles zu überdenken, und zu neuen, durchaus auch positiven Aspekten zu kommen. Pausen sollten aber niemals zu lange dauern. Grundsätzlich sollten Sie danach das Gespräch suchen – selbst auf die Gefahr hin, dass nach einer »bösen« Pause eine Trennung das Ergebnis ist. Aber: Sie haben dann auf jeden Fall für klare Verhältnisse gesorgt. Die Erfahrung, die Sie gemacht haben, lässt Sie reifen – und künftig ähnliche Fehler vermeiden!

KAPITEL 6

Mein Geheimnis:
Das verzweigte Delta

Viele Wege führen ans Ziel – dahin nämlich, wieder eins zu werden mit allem Lebenden und Fühlenden. Niemand hat das Recht, anderen etwas aufzuzwingen. Im Rhythmus des Universums und damit in allumfassender Harmonie schwingt jeder, der andere akzeptiert und nicht verändern will.

Lebensfreude (wieder)entdecken

Es gibt Tage, an denen schon morgens alles zu misslingen scheint; dazu ist dann noch das Wetter nicht nach unserem Geschmack, an Hemd oder Bluse fehlt prompt ein Knopf, der Bus fährt uns vor der Nase davon, auf dem Weg zum Fahrstuhl begegnet uns ausgerechnet der Kollege, den wir so gar nicht abkönnen. Und wir denken uns: »Wären wir bloß zu Hause geblieben!«
Dann wieder gibt es Tage, da freut man sich schon beim Aufstehen auf die kommenden 24 Stunden. Selbst wenn gar nichts Besonderes geplant ist. Selbst wenn es draußen wie aus Kübeln schüttet und wir sogar wissen, dass wir ein Meeting haben, in dem wir garantiert auf den Stinkstiefel der Abteilung treffen …

Es lebt nur, der lebend sich am Leben freut.
Menander

Woran liegt es nur, dass wir in ganz ähnlichen Situationen mal alles wegstecken und das andere Mal unwirsch und übellaunig reagieren? Warum sind wir nicht in der Lage, wenigstens ein bisschen mehr Stabilität in unserem Gemüt zu bewahren?
Klar: Jeder hat mal einen »schwarzen Tag«. Damit kann man leben, damit kann man umgehen. Bedenklich wird es allerdings, wenn Sie merken, dass sich solche Tage häufen, dass es über Wochen und

schlimmstenfalls Monate hinweg gar keine positiven Tage mehr zu geben scheint. Alles wirkt grau in grau auf Sie, im Job gibt es genauso wenig positive Highlights wie in Ihrem privaten Umfeld. Sie haben zu nichts mehr recht Lust. Nicht einmal die Aussicht auf den im Grunde lang herbeigesehnten Urlaub weckt Sie aus der Lethargie, in der Sie versunken sind.

Die wahren Lebenskünstler sind bereits glücklich,
wenn sie nicht unglücklich sind.
Jean Anouilh

Gute Stimmung für graue Tage bewahren

Legen Sie sich einen »Vorrat« an guter Laune zu. Das kann man nicht, meinen Sie? Täuschen Sie sich nicht: Wer in der Lage ist, sich an weniger guten Tagen ganz bewusst schöne und glückliche Momente ins Gedächtnis zu rufen, dem kommt selbst ein wirklich mieser Tag gar nicht mehr so schlimm vor.

Es sind Kleinigkeiten, die uns befähigen, wieder positiv zu denken. Viele Menschen glauben, aus einem Stimmungstief könnten sie sich nur mit großer Kraftanstrengung befreien. Etwa mit Meditation, autogenem Training, Yoga oder der Suche nach einem völlig neuen Weltbild. Das stimmt zwar auch. Aber kaum jemand ist in der Lage, mal schnell eben Meditieren oder Yoga zu lernen. Dazu braucht es Vorbereitung und Zeit. Sie wollen aber schnell aus Ihrem »schwarzen Loch« schlechter Laune herauskommen. Und sich eben nicht erst mal in die Grundlagen bestimmter meditativer Techniken vertiefen.

Lebensklugheit bedeutet: alle Dinge möglichst wichtig,
aber keines völlig ernst zu nehmen.
Arthur Schnitzler

Gründe herausfinden

Oft sind wir bei schlechter Stimmung nicht in der Lage zu erkennen, welche Probleme wirklich wichtig sind und welche im Grunde »Peanuts« darstellen. Eine kleine Hilfe ist es, sich in einer ruhigen Minute mal eine Liste zu machen, was Sie an sich selbst und Ihrer Situation so stört.

♦ Sind es konkrete Probleme: Geldsorgen? Ihre Wohnverhältnisse? Sorgen am Arbeitsplatz? Zwistigkeiten mit Kollegen? Die Beziehung zu Ihrem Partner? Unstimmigkeiten in der Familie oder bei Freunden?

♦ Oder sind Sie allgemein in einer »Weltuntergangsstimmung«?

♦ Gibt es für diese Stimmung einen konkreten Anlass, der vielleicht schon einige Zeit zurückliegt? Krankheit oder ein Todesfall, die Trennung oder Scheidung von Ihrem Partner?

Wenn Sie erkannt haben, woraus Ihre schlechte Stimmung kommt, sind Sie schon einen guten Schritt weiter.

Es gibt allerdings Tage, da kommt man mit solchen »Nachforschungen« kaum weiter. Man fühlt sich, als säße man auf dem Grund eines tiefen Brunnens, und sieht keinerlei Chance, irgendwie herauszukommen. Es kann durchaus befreiend sein, dann einfach allen »Weltschmerz« zuzulassen – und danach den Kopf wieder frei zu haben. Niemand ist immer stark und obenauf. Jeder Mensch kennt dunkle Stunden.

Lassen Sie zu, dass Sie schwach sein können – Sie dürfen es auch. Gönnen Sie sich mal eine Auszeit.

Schauen Sie sich einen Film an, bei dem Sie vor mitfühlendem Herzeleid weinen können – und genießen Sie dann aber auch das Happy End des Streifens.

Lesen Sie ein Buch, von dem Sie wissen, dass es Sie bis ins Tiefste anrührt. Heulen Sie mal Rotz und Wasser – das ist oft hilfreicher als ständig stark sein zu müssen.

Dauern solche depressiven Phasen allerdings an oder wiederholen sie sich immer öfter, sollten Sie keine Scheu haben, therapeutische Hilfe zu suchen.

Loslassen lernen

♦ Sie wissen vor lauter Sorgen nicht ein und aus? Schreiben Sie Ihre Probleme auf – alle einzeln. Jedes auf einen extra Zettel.

♦ Schauen Sie sich die Zettel in Ruhe an: Was sind die dringlichsten Probleme? Was hat ein bisschen Zeit?

♦ Was können Sie konkret selbst ändern? Bei welchem Zettel sehen Sie, dass eine Änderung nur von außen, also von anderen kommen kann?

♦ Sortieren Sie die Problemzettel nach Wichtigkeit: Was müssen Sie sofort lösen?

Und dann?

Zerreißen Sie die Zettelchen. Oder legen Sie sie in eine Schachtel und stellen Sie diese aus Ihrem Blickfeld.

Natürlich sind die Probleme damit nicht gelöst oder aus der Welt geschafft. Dennoch hilft dieser kleine Trick Ihnen dabei, den Kopf frei zu bekommen.

Wenn Sie dann noch einen Spaziergang machen, auch bei Wind und Wetter, werden Sie überrascht sein, mit wie viel Kraft und frisch getankter Energie Sie ausgestattet sind. Und möglicherweise fallen Ihnen Lösungen ein, auf die Sie vorher niemals gekommen wären. Weil Ihre Gedanken zu sehr um Ihre Probleme kreisten – und Sie nicht in der Lage waren, Abstand zu gewinnen. Und so zu neuen Ideen zu kommen.

Wie stehen Sie zu sich selbst?

Mögen Sie sich eigentlich?

Finden Sie gut, was Sie tun? Wie Sie leben? Wie Sie aussehen?

Okay – beim letzten Punkt wird wohl fast jeder verneinen. Kaum jemand ist mit seinem äußeren Erscheinungsbild rundherum zufrieden. Aber für alles andere gilt dies nicht – die Fragen sind durchaus ernst gemeint. Wer sich selbst nämlich nicht annimmt, sondern glaubt, er sei wenig oder gar nichts wert, wer sich selbst nicht liebt und hinter dem eigenen Handeln steht, wird in seinem Leben nicht glücklich und erfolgreich.

Sie haben einige der oben gestellten Fragen mit »nein« beantwortet? Dann ist es um Ihr Selbstwertgefühl nicht besonders gut bestellt. Wer sich selbst nicht schätzt, kann jedoch nicht erwarten, von seinen Mitmenschen hoch geachtet zu werden. Sie müssen also bei sich selbst ansetzen, um Änderungen zu erreichen.

Das sechste Geheimnis des Erfolgs: Ändern kann man nur sich selbst, niemals andere. Doch eigene Veränderungen strahlen auf andere aus.

Jeder Mensch wird als Zwilling geboren: als der, der er ist, und als der, für den er sich hält.

Martin Kessel

Sich selbst schätzen lernen – und Änderungen herbeiführen

Machen Sie sich eines bewusst: Sie als Person sind einzigartig auf dieser Welt. Diese Einzigartigkeit kann Ihnen niemand nehmen. Wenn Sie mit sich selbst unzufrieden sind, gibt es nur eine Chance, das zu ändern: Sie müssen sich selbst ändern.

Niemand anderer kann das tun.

Diesen Job kann Ihnen niemand abnehmen.

Sie können andere nicht zu Änderungen zwingen oder dahingehend beeinflussen, dass Sie selbst besser dastehen. Und sich selbst dann deswegen höher schätzen.

Was aber ganz sicher passieren wird: Ihre eigene Veränderung wird zur Folge haben, dass sich Ihr Umfeld ändert.

Der Spiegel unseres Daseins

Wer sich selbst mag, ist mit sich selbst im Reinen. Körperlich, geistig, seelisch.

Wenn Sie sich selbst wertschätzen, leben Sie in Harmonie mit sich selbst. Wie ein Spiegelbild wird diese innere Harmonie auf Ihre Mitmenschen zurückgeworfen.

Haben Sie sich schon mal im Spiegel angelächelt? Selbst wenn Sie schlechte Laune haben, werden Sie unweigerlich zurücklächeln. Probieren Sie es aus. Genauso geschieht es mit Ihrer Umwelt.

Man hat nur an so viel Freude und
 *Glück Anspruch, als man selbst gewährt.*
Ernst von Feuchtersleben

Pluspunkte machen stark

Selbst in der miesesten Stimmung sind Sie in der Lage, eine kleine Liste aufzustellen. Sie werden übrigens schnell merken: So klein ist diese Liste gar nicht.

Nämlich:

- ◆ Schreiben Sie auf, was Sie in Ihrem Leben schon alles geschafft haben. Was Sie erreicht haben, wobei Sie Erfolg hatten.
- ◆ Scheuen Sie sich nicht, selbst Kleinigkeiten niederzuschreiben: Ein gelungener Kuchen ist genauso wichtig wie eine Prüfung, die Sie bestanden haben.
- ◆ Mäkeln Sie nicht an sich selbst herum: »Der Kuchen hätte lockerer sein können!« Oder: »Ich hätte in der Prüfung besser abschneiden müssen!«
- ◆ Kümmern Sie sich nur um das Endergebnis.

Ich bin sicher: Sie werden eine lange Liste zustande bringen.

Und genau das sind Ihre Erfolge, auf die Sie stolz sein können.

Diese Erfolge machen Sie stark. Andere mögen das belächeln, aber das ist Ihnen egal: Sie wissen, was Sie alles geschafft haben.

Die Meinung der anderen sollte Ihnen gleichgültig sein.

Nicht jeder kann sein Leben mit dem »Erfolg« des Nobelpreises krönen oder mit einer außerordentlichen sportlichen Leistung.

Erfolg im Leben heißt: Das Leben an sich meistern.

> *Wer nicht mit dem zufrieden ist, was er hat, der wäre auch nicht mit dem zufrieden, was er haben möchte.*
>
> Berthold Auerbach

Was man tut, das wird man

Dieser Satz stammt aus dem Japanischen.

Er besagt nichts anderes als: Sie selbst haben es in der Hand, Erfolg zu haben. Wenn Sie erfolgreich sein wollen, müssen Sie erkennen, wie wertvoll Sie sind: als Person, als Mann oder Frau, als Freund oder Freundin, als Vater oder Mutter, als Kollege oder Kollegin. In allen Bereichen des Lebens.

Nur wenn Sie etwas tun, können Sie sich verändern – zum Schlechteren (was wir nicht hoffen wollen) und vor allem zum Besseren.

Wonach streben Sie?

Was wäre für Sie ganz persönlich ein wichtiger Erfolg?

Sie allein haben es in der Hand, diesen Erfolg zu bekommen.

Sie wollen ein paar Kilos verlieren? Diese Anstrengung kann Ihnen niemand abnehmen. Suchen Sie sich einen entsprechenden Diätplan und ziehen Sie es durch.

Genauso kann man sich das Rauchen abgewöhnen, das Trinken einschränken, mit Sport anfangen.

Bewerte deine Erfolge daran, was du aufgeben musstest, um sie zu erzielen.
Dalai Lama

Sie möchten einen Job, in dem Sie zufrieden sind? Packen Sie es an. Bilden Sie sich weiter, wenn das nötig sein sollte. Holen Sie eine Ausbildung nach, besuchen Sie Kurse und Seminare.

Spannen Sie sich ein Netzwerk aus Kontakten – auch über so etwas Banales wie einen Volkshochschulkurs ist das möglich. Selbst wenn Sie keinen neuen Job auf dem Silbertablett serviert bekommen – Sie selbst wissen, dass Sie alles getan haben, um weiterzukommen.

Dieses Bewusstsein strahlen Sie aus. Und es »kommt an« bei Ihrem Gegenüber. Manchmal dauert es länger. Und dann haben Sie vielleicht eine Phase der Resignation.

Geben Sie nicht auf, sondern gehen Sie Ihren Weg weiter – und Sie werden sehen: Sie werden Erfolg haben. Vielleicht nicht auf Anhieb. Manchmal ist es eben nicht leicht, Theorien in die Realität umzusetzen. Aber auch dafür gibt es Hilfestellungen.

Übrigens: Wer sich selbst nicht leiden kann, verbraucht sehr viel Energie. Denn auch dafür muss man eine ganze Menge tun – etwa sich Tag für Tag sagen, wie hässlich oder unfähig man ist. Nutzen Sie diese Energie doch von heute an lieber dafür, sich selbst anzunehmen. Vielleicht schaffen Sie es nicht sofort, Ihr Selbstbild zu ändern, aber Sie können damit beginne – heute, jetzt.

> *Wer nichts verändern will, wird auch das verlieren,*
> *was er bewahren möchte.*
>
> Gustav Heinemann

Sechs Grundsätze für Veränderung zum Erfolg

Es ist ein Irrglaube anzunehmen, wir könnten Veränderungen vermeiden. Irgendetwas verändert sich immer, denn Veränderungen sind ein fester Bestandteil des Lebens. Sie sollten sich daher folgende Fragen stellen:

♦ Wollen Sie selbst Veränderungen veranlassen?
♦ Oder wollen Sie lediglich auf Veränderungen von außen reagieren?

Besser ist wohl der erste Weg: Sie geben den Anstoß zu einer Veränderung. Sie werden sich als Handelnder besser fühlen, als wenn Sie lediglich reagieren. Entscheiden Sie das nächste Mal also selbst, was sich verändern soll – bevor andere es tun! Und: Sehen Sie Veränderungen immer als Chance für Erfolg. Es ist nicht immer einfach. Wagen Sie den Schritt hin zu Veränderungen – nur dann werden Sie erfolgreich sein.

1. Grundsatz: Veränderung ist eine Chance

Sicher ist Ihnen diese Redensart bekannt: »Ein bekanntes Übel ist das kleinere Übel.« Sie zeigt uns: Wir haben Angst vor Veränderungen. Deshalb lassen wir lieber alles beim Alten, selbst wenn wir unzufrieden sind mit uns und unserer Situation. Selbst wenn wir uns nach etwas anderem sehnen. Wir leiden viel lieber unter eigentlich unzumutbaren Zuständen, lassen uns viel zu viel gefallen vom Chef, vom Partner, von Freunden, bevor wir den Schritt ins Neue, Unbekannte – aber vielleicht Bessere – wagen. Genau in diesem »Vielleicht« liegt der Knackpunkt: Weil keiner von uns weiß, was eine Veränderung tatsächlich bringt, ist sie zunächst einmal bedrohlich. Doch wie wollen Sie vorher wissen, wie etwas ausgeht? Wenn Sie das könnten, sollten Sie lieber als Hellseher arbeiten …

Ich kenne das Geheimnis des Erfolges nicht. Aber ich kenne das Geheimnis des Misserfolges: es allen recht machen zu wollen.
Stefan Kretzschmar

2. Grundsatz: Veränderung gelingt im Einklang mit sich selbst

Machen Sie sich nicht das Leben schwer, indem Sie sich selbst ständig kritisieren. Damit arbeiten Sie gegen sich selbst. Lernen Sie lieber, sich selbst als Freund oder Freundin zu sehen, nicht als Feind. Nehmen Sie sich so an, wie Sie sind. Denn: Sie sind absolut in Ordnung! Das kommt Ihnen schwierig vor? Es könnte aber genau jene erste Veränderung sein, die Sie brauchen!

Nehmen Sie sich daher vor: Ab heute kommen Sie sich selbst Tag für Tag ein bisschen näher, mögen Sie sich selbst ein bisschen mehr und sorgen für sich selbst ein bisschen sorgfältiger.

3. Grundsatz: Veränderung ist Selbstvertrauen

»Das schaffe ich nicht! Das kann ich nicht! Das traue ich mich nicht!« Kommt Ihnen das bekannt vor?

Streichen Sie diese Sätze bitte ab sofort aus Ihrem Vokabular.

Sie können – wenn Sie nur wollen – alles erreichen.

Vielleicht auf Umwegen, vielleicht nicht sofort, vielleicht auch erst nach einer oder mehreren Niederlagen. Aber wenn Sie sich zutrauen, eine Veränderung anzunehmen und eine Aufgabe zu bewältigen, haben Sie es schon so gut wie geschafft.

Das Vertrauen in die eigene Person gibt Ihnen die Kraft, die Sie brauchen.

Ich habe stets beobachtet, dass man,
um Erfolg zu haben in der Welt, närrisch scheinen oder weise sein muss.
Charles de Montesquieu

4. Grundsatz: Veränderung heißt: Grenzen überwinden

Es wäre grundfalsch zu leugnen, dass es Grenzen gibt:

♦ Wir leben nicht auf einer einsamen Insel.

♦ Wir müssen uns mit anderen arrangieren.

♦ Wir können nicht alles erreichen, nicht alles verändern.

♦ Wir können natürlich auch keine Naturgesetze außer Kraft setzen.

Selbstverständlich gibt es reale Grenzen – siehe oben. Aber eben auch viele Grenzzäune, die nur in unseren Kopf vorhanden sind. Letztere können Sie durchaus überwinden: Ihre Einstellung zu den Barrieren in der Fantasie ist entscheidend.

Stellen Sie sich Ihren ganz persönlichen Grenzen mit Neugier – und überlegen Sie dann, ob Sie sie nicht doch gerne überwinden möchten. Lockt das, was hinter der Grenze liegt, Ihre Sehnsucht, dann lohnt es sich vielleicht – auch wenn Sie dafür viel tun müssen.

5. Grundsatz: Veränderung hat viele Farben

Nicht nur Kinder, leider auch viele Erwachsene kennen nur Gut und Böse, Schwarz und Weiß. So simpel ist es aber nicht. Das sollten doch die »Großen« wissen: Nichts und niemand ist so einfach in eine dieser beiden Schubladen einzuordnen.

Jeder Mensch vereint Gutes und Schlechtes in sich. Und dass es zwischen den beiden Extremen Schwarz und Weiß zahllose Grauabstufungen gibt, sollte Ihnen klar sein.

Erfolg ist die Frucht der Ausdauer.

Sprichwort aus Deutschland

Sie müssen sich niemals »hopp oder top« entscheiden. Es gibt immer eine ganze Reihe von Möglichkeiten, Zwischentönen und Abstufungen. Sie sollten nicht nur Extrempositionen sehen, denn das ist auf Dauer anstrengend und aufreibend.

Manchmal verbauen Sie sich eine Chance, weil Sie eine Idee vorschnell und kategorisch ablehnen – nur aus dem Grund, dass Ihnen die Veränderung so groß und umfassend erscheint oder scheinbar Ihren inneren Werten widerspricht. Der Ratschlag etwa, mehr an sich selbst zu denken, bedeutet ja nicht, dass Sie künftig ohne Rücksicht auf Ihre Mitmenschen durchs Leben galoppieren.

Sie sollten eine neue Idee deshalb erst einmal neugierig betrachten und dann überlegen, wie Sie die Idee für Ihre eigene Person und Situation umsetzen könnten. Es bleibt Ihnen überlassen, in welchem Umfang Sie dies tun. Manchmal braucht es auch keine Kehrtwendung um 180 Grad, um etwas zum Besseren zu verändern.

6. Grundsatz: Verändern bedeutet heute – und nicht morgen

»Morgen, morgen, nur nicht heute ...« – das ist ein falsches Lebensmotto. Entscheidend ist Ihre Bereitschaft, heute zu beginnen. Wer etwas auf den nächsten Tag verschiebt, kann beinahe sicher sein: Damit ist nie ein Anfang gemacht. Das gilt für die Diät, die wir beginnen wollen, ebenso wie für den Entschluss, endlich ins Fitnessstudio zu gehen oder endlich anzufangen, das eigene Leben in den Griff zu bekommen.

Der Anfang ist die Hälfte des Ganzen.

Aristoteles

Nutzen Sie den heutigen Tag! Aber bedenken Sie bitte auch: Sie können nicht von heute auf morgen Ihr ganzes Leben umkrempeln. Das verlangt niemand von Ihnen, auch Sie selbst sollten diese Forderung nicht an sich stellen.

Beginnen Sie mit kleinen Schritten! Sie haben sich entschlossen, offener auf Ihre Mitmenschen zuzugehen? Dann fangen Sie mit einem freundlichen Lächeln an, ohne viele Worte. Und nicht gleich mit einer Podiumsdiskussion.

Die Hauptsache ist: Sie probieren es überhaupt.

Nur dann können Sie erwarten, auf lange Sicht erfolgreich zu sein.

Mit einem Lächeln allerdings dürfen Sie sicher sein: Sie bekommen sofort ein Resultat: ein Wieder-Lächeln von Ihren Mitmenschen.

KAPITEL 7

Mein Geheimnis:
Die ruhige Mündung

Das Bild des Flusses, der nach einem langen Weg von der Quelle endlich am Ziel angekommen ist und sich ins Meer ergießt, entspricht keinesfalls dem Alter und damit einem baldigen Ende unseres Lebens. Der Kreislauf der Natur geht ja immer weiter ...

Erfahrungen und Erlebnisse mögen allerdings dazu beitragen – durchaus auch schon in jungen Jahren –, dass wir vieles ruhig angehen. »In der Ruhe liegt die Kraft«, besagt eine alte Weisheit. Wer sich einsperren lässt in der Hektik des Alltags und nicht in der Lage ist, bewusst Abstand zu halten zu allem, was einem nicht guttut, wird nur schwer Erfolg haben.

Quintessenz des Glücklichseins: Nicht von, sondern für etwas leben.«
Das heißt: Die Quelle des Glücks liegt einzig in mir.

Nina Ruge

Alle Chancen erkennen – und wahrnehmen

Wir Menschen haben ungeahnte Kräfte in uns.
Jeder von uns.
Nicht nur herausragende Persönlichkeiten wie der Dalai Lama oder Gandhi. Es liegt an uns selbst und in uns, diese Kräfte zu erkennen und zu fördern. Und dabei alles zu nutzen, was uns dabei hilft.
Nicht nur den Verstand und logisches Denken einzusetzen, sondern auch unsere Emotionen, unsere Intuition und unser Unterbewusstsein. Vor allem im Unterbewusstsein haben wir Energien, die wir »anzapfen« sollten, um bei unseren Zielen Erfolg zu haben.

Mit Träumen zum Erfolg?

Kinder haben es noch nicht verlernt zu träumen: Für sie ist es real, wenn sie im Sandkasten Kuchen backen oder Burgen bauen. Puppen sind »wirklich« Kinder, und mit Batman (oder wer gerade als Action-Figur bei Jungens angesagt ist) erleben sie »tatsächlich« alle möglichen Abenteuer.

Glücklicherweise! Wenn unsere Kinder diese Fantasie nicht mehr hätten – und ausleben dürften! –, wäre es schlimm um unsere Welt bestellt.

Als Erwachsene haben wir all unsere fantastischen Träume meist vergessen oder erinnern uns nur wehmütig daran, an die »heile Kinderwelt, in der wir noch träumen durften«. Enttäuschungen und Misserfolge haben uns im Laufe des Lebens »bewiesen«, dass Träume eben nicht real werden. Dazu ist unsere Welt mittlerweile fast ausschließlich von Vernunft und Logik geprägt. Wissenschaft und Beweisbarkeit sind wichtiger, ja das einzig Wahre – auch um erfolgreich zu sein. So bringt man es uns in Schule und Ausbildung bei.

Träumen heißt: durch den Horizont blicken.
Sprichwort aus Afrika

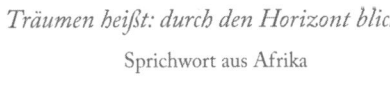

Wir alle vergessen dabei, dass unsere Welt, auch und gerade unsere moderne Welt, ohne Träume nicht so aussehen würde, wie sie ist.
Der Traum vom Fliegen – wir Menschen haben ihn verwirklicht.
Der Traum, den Mond zu betreten.
Berge zu erklimmen, Ozeane zu befahren, Urwälder zu erforschen.
Krankheiten zu heilen. Beinahe überallhin reisen zu können.

All das steht uns heute offen und zur Verfügung, weil irgendjemand einmal einen Traum gehabt hat. Und alles daransetzte, ihn real zu machen. Selbst wenn sich bei vielen dieser Träume im Laufe der Zeit herausgestellt hat, dass es Schattenseiten gibt, die ihre Ursache darin haben, dass wir beispielsweise allzu sehr Raubbau betreiben an den Schätzen der Erde.

Alle Träume können wahr werden, wenn wir den Mut haben, ihnen zu folgen.
Walter Elias Disney

Luftschloss – oder realer Hintergrund?

Luftschlösser baut wohl jeder einmal.

Einmal umjubelt auf der Bühne stehen.

Die Frau (oder den Mann) für sich gewinnen, der einem als Ideal erscheint – das sind normale Träume, sie machen unser Leben bunt und damit lebenswert. Zumindest dann, wenn wir uns nicht Tag für Tag in ihnen verlieren. Wenn wir uns der Realität nicht mehr stellen. Und sogar dem wirklichen Leben immer öfter mit Tagträumen entfliehen, schlimmstenfalls dazu sogar Rauschmittel benutzen – und dazu zählen TV und Computer heutzutage ebenso wie »echte« Drogen, also Alkohol, Marihuana oder noch stärkere Gifte.

Hin und wieder zu träumen, die eigene Fantasie spazieren gehen zu lassen, dabei dennoch auf dem Boden der Realität zu bleiben, ist ein Weg zum Erfolg. Nicht wenige Menschen kommen dabei nämlich auf Ideen, die gar keine Luftschlösser sind, sondern durchaus realisierbar. Wer träumt, macht sich seine Chancen bewusst. Und kommt dabei durchaus auf Ideen, die ihm Erfolg bringen können.

Lassen Sie Ihre Träume zu – und vergessen Sie das alte Sprichwort, Träume seien nichts anderes als Schäume.

Die am Tag träumen, kennen viele Dinge,
die den Menschen entgehen, die nur nachts träumen.

Edgar Allan Poe

Das Kino im Kopf

Unser Gehirn arbeitet immer – Tag und Nacht. Nachts, im Schlaf, träumen wir mehrmals. Fünf bis sieben Träume soll jeder Mensch pro Nacht haben. Selbst wenn wir uns oft nicht mehr erinnern am nächsten Morgen: Wissenschaftler haben berechnet, dass wir im Laufe unseres Lebens so auf gut 150 000-mal »Kino im Kopf« kommen.

Interessant ist übrigens, dass sich die Art unserer Träume scheinbar kaum verändert: Studien zeigen, dass trotz der äußeren Veränderungen in der Welt, in der wir leben, unsere nächtlichen Träume kaum variieren. Selbst kulturelle Unterschiede gibt es praktisch nicht. In modernen Industriestaaten träumt man weniger von Tieren als in kleinen und traditionellen Gesellschaften. Noch viel mehr haben die Forscher herausgefunden: Wir träumen öfter vom Unglück als vom Glück. Negatives überwiegt Positives. Wir handeln und denken im Traum in der Regel ähnlich wie beim Wachsein. Männer träumen häufiger von Gewalt als Frauen; Frauen insgesamt träumen häufiger als Männer. Kinder träumen mehr von Tiersymbolen – je älter wir werden, desto mehr nimmt das ab.

Der Traum ist der beste Beweis dafür, dass wir nicht so fest
in unserer Haut eingeschlossen sind, als es scheint.

Christian Friedrich Hebbel

Im Traum ist unser Unterbewusstsein voll und ganz aktiv. Vor allem unsere Emotionen lassen sich dann nicht mehr kontrollieren. Man kann Dinge träumen, die physikalisch völlig unmöglich sind: Im Traum fliegen wir, machen Riesensprünge, schweben durch den Himmel. Schlafend gelingt uns so manches, was uns in der Realität nicht gegeben ist …

Die Blumen des Frühlings sind die Träume des Winters.
Khalil Gibran

Träume nutzen für die Wirklichkeit

Es soll Erfindungen gegeben haben, die rein aus Träumen während des Schlafs entstanden sind – beispielsweise in der Chemie das Periodensystem der Elemente von Dmitri Mendelejew oder die Nähmaschine von Elias Howe.

Warum soll es Ihnen nicht genauso gehen?

Zapfen also auch Sie das in Ihnen verborgene Wissen an.

Ganz bewusst. Legen Sie sich einen Block und einen Stift ans Bett – und schreiben Sie auf, was Sie geträumt haben.

Lernen Sie aus Ihren Träumen.

Sie sind genauso »wahr« wie die Erlebnisse und Erfahrungen, die Sie tagsüber machen, wenn Sie wach sind.

Nutzen Sie die Chancen, die Ihr Gehirn und Ihre Seele Ihnen mit Ihren Träumen geben.

Vielleicht erfinden Sie keine Weltneuheit. Aber wenn Sie »nur« Zufriedenheit und Glück finden, wenn Sie »nur« erfahren, wie es um Ihr Gefühlsleben bestellt ist, haben Sie schon eine ganze Menge erreicht.

Verlassen Sie sich darauf, dass Ihr Unterbewusstsein genau weiß, warum es Sie etwas Bestimmtes träumen lässt. Gerade wann Sie einen Traum haben, der immer wieder aufs Neue kommt.

> *Der Traum ist aus, aber ich werde alles geben,*
> *dass er Wirklichkeit wird!*
> Rio Reiser

Träumen Sie sich Ihre Zukunft

Die amerikanische Erfolgsautorin Barbara Sher hat eine Methode entwickelt, mit der Sie sich bewusst machen können, was Sie sich wirklich erträumen und wünschen. Sher hat sich in einem ihrer Bücher ausführlich mit dem Weg zur Erkenntnis der eigenen Persönlichkeit befasst. Mit der Übung »Der ideale Tag« können Sie sich für eine kurze Zeit von Ihrer persönlichen Realität lösen und einen Tag in einem »perfekten« Leben erträumen.

Sie bekommen einen ganz anderen Blick auf sich selbst und Ihre selbst gesteckten Grenzen. Und: Sie kommen Sie in Kontakt mit all den eigenen Träumen, die Sie vielleicht im Moment für vollkommen unrealistisch halten.
Beim »idealen Tag« steht Ihnen alles offen, nichts und niemand schränkt Sie ein.

- Stellen Sie sich vor, Sie könnten alles erreichen, was immer Sie wollen.
- Sie könnten alles tun, was immer Sie möchten.
- Sie könnten alles haben, was immer Sie sich erträumen.

Es gibt bei der Übung nur eine einzige Regel:

Ihr idealer Tag darf Ihnen nicht so schnell langweilig werden.

Das ist die einzige Einschränkung. Wählen Sie also keine Dinge, an denen Sie nur über kurze Zeit Freude haben, die vielleicht nach einer Weile schal schmecken würden, wenn Sie Ihnen täglich zur Verfügung stünden.

Denken Sie an das berühmte Buch von Johannes Mario Simmel *Es muss nicht immer Kaviar sein*. Jeden Tag Kaviar – das wird schnell langweilig, und ein einfaches Leberwurstbrot schmeckt dann besser als jede luxuriöse Delikatesse.

Schaffen Sie sich also einen idealen Tag, von dem Sie nie genug bekommen würden. Finden Sie heraus, was Ihnen wichtig ist und was Sie sich für Ihr Leben wirklich wünschen.

Mit Träumen beginnt die Realität.
Daniel Goeudevert

Wie sieht Ihr idealer Tag aus?

Werfen Sie die Realität und den grauen Alltag über Bord und träumen Sie. Ihr idealer Tag muss nicht unbedingt etwas mit Ihrem wirklichen Leben zu tun haben. Versuchen Sie sich auszumalen, Ihr Leben sei einfach perfekt – bis aufs letzte i-Tüpfelchen. Stellen Sie sich vor, wie ein Tag in diesem perfekten Leben aussähe.

Vielleicht lassen Sie sich von diesen Fragen und Hinweisen anregen und: Erfinden Sie Details für Ihren idealen Tag:

- In welchem Land wohnen Sie und wie sieht es dort aus?
- Wohnen Sie in der Stadt oder auf dem Land?
- Wie groß ist das Haus oder Ihre Wohnung? Malen Sie sich jedes Detail aus.

- Überlegen Sie sich einmal, mit welchen Menschen Sie am allerliebsten zusammen sein würden – Menschen, die Ihnen wohlgesonnen sind, die Sie mögen und mit denen Sie Freude haben. Wer wäre das alles? Und auf wen würden Sie verzichten?
- Wie gestalten Sie Ihren Tag? Was genau tun Sie? Wie verdienen Sie Ihren Lebensunterhalt? Oder sind Sie vielleicht reich und brauchen gar nicht zu arbeiten? Haben Sie interessante Hobbys oder verfolgen Sie andere persönliche Projekte? Welche?
- Was besitzen Sie alles? Haben Sie eine Jacht? Haben Sie teure Autos oder vielleicht ist Ihnen das in Ihrem idealen Leben nicht so wichtig?
- Möchten Sie Tiere um sich haben und Pflanzen?
- Lieben Sie es warm oder kalt? Träumen Sie von ewiger Sonne, Strand und Meer? Von einer blühenden Oase in der Wüste? Oder eher von einem kühlen Berggipfel, einem norwegischen Fjord?
- Möchten Sie vielleicht immer wieder neue Dinge entdecken, erforschen und kennenlernen?

Stellen Sie sich immer wieder die Frage, was Sie ganz persönlich brauchen, um sich wohlzufühlen und zufrieden zu sein. Bauen Sie all dies in Ihren idealen Tag ein. Natürlich dürfen und sollen auch Dinge und Menschen in Ihrem idealen Tag vorkommen, die in der Realität existieren.

Wichtig: Vergessen Sie nicht, auch die Dinge in Ihrem idealen Tag zu beschreiben, die Sie schon heute haben und die Sie auch in Ihrem idealen Tag behalten wollen: Vielleicht gehört es zu Ihrem idealen Tag, endlich mal richtig Zeit für Ihr Kind oder Ihren Partner zu haben. Das sollten Sie dann in Ihrem idealen Tag nicht vergessen.

Egal, was für Sie persönlich zu Ihrem idealen Tag gehört: Schreiben Sie es auf oder: Malen Sie es auf.

Unsere Träume werden wahr: das Gesetz der Resonanz

Es gibt einen Grund dafür, dass unsere Träume real werden können. Eine uralte und universelle Regel sorgt dafür: das Gesetz der Resonanz. Es ist ganz einfach – und unveränderbar. Sie können es nicht »anwenden« – also nicht für Ihre Zwecke zurechtbiegen. Aber wenn Sie um dieses Gesetz wissen, können Sie es nutzen.

Das siebte Geheimnis des Erfolgs: Wer Niederlagen erwartet, bleibt ohne Erfolg. Gewinn bekommt nur jemand, der Positives aussendet.

Es ist alles so ungeheuer, dass an kein Aufhören von irgendeiner Seite zu denken ist.

Johann Wolfgang von Goethe

Warum wir unsere Träume hüten sollten

»Gleiches zieht Gleiches an« – in unserem Handeln und in unserem Denken, in Geist und Seele. Das kosmische Gesetz der Resonanz gilt für uns alle. Wer um diese Gesetzmäßigkeit weiß, kann und sollte sie nutzen. Es funktioniert immer – auch bei jenen, die es für Unsinn halten und deshalb verlachen. Universelle Gesetze lassen sich nicht von uns Menschen bestimmen. Sie gelten immer und überall.

Nach dem universellen Gesetz der Resonanz kommt all das Positive, das Sie tun, zu Ihnen zurück.

Probieren Sie es aus. Lächeln Sie jemanden an – und er wird zurücklächeln. Tun Sie etwas Gutes – Ihnen wird Gleiches widerfahren.

Natürlich (leider!) funktioniert das Gesetz der Resonanz auch umgekehrt: Wenn Sie »bad vibrations« ausstrahlen, bekommen Sie auch solche schlechten Stimmungen zurück.

Wenn Sie stets mit einer Niederlage rechnen, wenn Sie nicht an Ihren Erfolg glauben – warum sollte er dann zu Ihnen kommen?!

Es gibt Menschen, denen scheinbar nur und ständig etwas Negatives wiederfährt. Sie gehen einkaufen – und prompt ist das, was sie erwerben wollten, ausverkauft. Sie gehen ins Kino – und »wie durch Hexerei« reißt der Film. Oder, banaler: Genau hinter ihnen sitzt jemand, der mit Husten und Reden, mit Papierraschel und dauerndem Herumzappeln stört.

Im Job klappt nichts, sie werden ausgenutzt, müssen dauernd unentgeltlich Überstunden machen, und selbstverständlich hat der Chef sich auf sie »eingeschossen«. Privatleben? Oh, da sieht es ebenfalls schlecht aus. In der Partnerschaft – so sie einen Partner haben – gibt es dauernd Zoff, mit der Familie und mit Freunden liegt man im Streit.

Aber: Statt sich mal zu fragen, woran das liegen könnte, ob vielleicht die eigene negative Ausstrahlung und vor allem das Negativdenken und all die Negativerwartungen (»bei mir klappt es ja eh nicht!«) an der ganzen Misere schuld sind, auf diese Idee kommen solche Menschen leider nicht. Wozu auch?! Es ist doch viel einfacher, den Mitmenschen, den Umständen, dem Leben an sich die Verantwortung für all das persönliche Missgeschick zuzuschieben.

Andersherum wird »ein Schuh daraus«: Seien Sie positiv.

Deswegen »reden« Sie sich nichts schön. Natürlich gibt es schlechte und negative Dinge in unserer Welt. Was aber haben Sie davon, wenn Sie nur schwarzsehen und sich damit alle Lebensfreude nehmen? Wird Ihr Leben dadurch besser oder anregender?

Gewiss nicht.

Gehen Sie Ihren Alltag mit einem Lächeln an.

Stimmen Sie sich mit guten Gedanken ein – auch wenn Sie heute wieder mal mit Ihrem unkollegialen Chef zusammentreffen werden. Sehen Sie's mal anders: Vielleicht hat auch er sein Päckchen zu tragen. Vielleicht helfen Sie ihm aus seiner schlechten Laune, indem Sie ihn anstrahlen. Das ist nicht immer leicht, und es gelingt sicher auch nicht an jedem Tag.

Aber wenn Sie es gar nicht erst versuchen – wieder und wieder –, werden Sie sicher in Resignation und schlechter Laune versinken.

Glauben Sie an sich selbst, an Ihre Ziele, an Ihre Träume.

Dann werden sie auch zu Ihrem ganz persönlichen Erfolg!

Der wahrhaft Erfolgreiche ist kein Erfolgsjäger. Er verwaltet nur seine Talente. Er weiß, dass sie ihm gereicht sind zur besten Nutzung.

Emil Oesch

KAPITEL 8

Mein Geheimnis:
Der unendliche Ozean

Sich aufgehoben fühlen in Partnerschaft und Familie, bei Freunden und Mitmenschen – das hat nichts mit Harmoniesucht zu tun, bei der man jedem Konflikt aus dem Weg geht. Auseinandersetzungen sind nötig, Grenzen zu setzen ist wichtig – überlebenswichtig, sonst geht man selbst unter und gibt sich letztendlich auf. Erfolg zeigt sich in einer ausgereiften Persönlichkeit und in einem standhaften Charakter. Nur dann kann man auf seine Mitmenschen bauen und ihnen Gutes tun – und dasselbe bekommen. Wir sind nur ein Tropfen im Ozean, nur ein kleiner Teil der Menschheit. Aber was wir bewirken, steht stets auch im Zusammenhang mit allem anderen.

Das Fließen des Wassers und die Wege der Liebe haben sich seit den Zeiten der Götter nicht geändert.

Sprichwort aus Japan

Bewusst und unbewusst entscheiden

Wer stundenlang darüber nachdenkt, ob er heute zum Frühstück Orangensaft oder lieber Milch trinken möchte, ob er zum Abendessen Nudeln kocht oder lieber ein Sandwich isst, ob er ins Kino geht oder einen Fernsehabend macht, kommt eigentlich gar nicht erst aus dem Haus. Sich wegen solcher Kleinigkeiten allzu sehr zu verzetteln, kann ein Krankheitsbild sein, das einer Therapie bedarf.

Viele Entscheidungen fällen wir also, ohne lange nachzudenken. Schnell, intuitiv, »aus dem Bauch heraus«. Weil es sich um Dinge handelt, die keines langen Nachdenkens bedürfen – um banale Angelegenheiten, um Alltäglichkeiten, die uns – wenn wir jeweils darüber grübeln müssten, wie wir uns entscheiden – unfähig machen würden, überhaupt zu handeln.

In anderen Fällen kostet es uns dagegen viel Zeit und Kraft, eine Entscheidung zu treffen. Ob wir eine Beziehung fortsetzen wollen und können, ob wir ein Haus bauen oder kaufen oder lieber zur Miete wohnen, ob wir einen Job kündigen oder eine neue Stelle antreten, die uns angeboten wurde, ob und wie wir uns selbst und den Mitmenschen klare Grenzen setzen: Das sind Lebenssituationen, die lange nachhalten und in denen eine Ad-hoc-Entscheidung, ohne irgendwelche rationalen Beurteilungen, vielleicht eher unpassend ist. Wobei man auch in solchen Fällen sein »Bauchgefühl« nicht vernachlässigen sollte.

Es gibt durchaus Menschen, die auch schwerwiegende Situationen rein intuitiv entscheiden und gut damit durchs Leben kommen.

> *Wenn ich so viel Erfolg hatte, dann nur, weil ich nie auf die Leute gehört habe, die einem dauernd sagen, was man machen muss, um Erfolg zu haben.*
>
> Jack Nicholson

Dazu kommen dann noch Entscheidungen, die gar keine zu sein scheinen, sondern eher die Vorgabe anderer: Vielleicht sehen Sie keine freie Entscheidung darin, dass Sie morgens aufstehen und zur Arbeit gehen müssen. Sie empfinden das eher als Pflichtaufgabe, der Sie nicht entkommen können. Auch die Grillparty mit den Nachbarn ist Ihnen nur eine lästige Pflicht. Tatsächlich aber entscheiden Sie sich selbst jedes Mal erneut dafür. Niemand kann Sie ja zwingen, zur Arbeit zu gehen oder die Nachbarn zu besuchen. Die Folgen allerdings müssten Sie bei einer »Verweigerung« ebenfalls tragen – also die Kündigung durch Ihren Boss oder die Verärgerung Ihrer Nachbarn.

Machen Sie sich Ihre Entscheidungen bewusst

Überdenken Sie doch einmal, wofür und wogegen Sie sich in Ihrem alltäglichen Leben entscheiden.

Notieren Sie sich einen Tag lang, was Sie von morgens nach dem Aufstehen bis mittags oder sogar abends tun. Auf dieser Liste kennzeichnen Sie jene Dinge, die Sie unbewusst und bewusst entscheiden.

Erkennen Sie, dass Sie sämtliche Entscheidungen innerhalb dieses einen Tages bewusst statt unbewusst treffen können.

Das hat auch mentale Folgen: Wer sich bewusst für eine bestimmte Handlung entscheidet, geht sie freudiger an, als wenn er sie als aufgezwungen empfindet. Das ist nur eine Kleinigkeit – aber ein wichtiges Detail für ein selbstbestimmtes und eigenverantwortliches Leben.

Intuitionen sind Träume, deren man sich erinnert.

Walther Rathenau

Intuition und Verstand gehören zusammen

Wir neigen leider dazu, gerade in unserer Zeit, in der Wissenschaft und erforschte Erkenntnisse alles sind, die »Dinge zwischen Himmel und Erde« jedoch wenig gelten zu lassen, den Verstand über unsere Intuition zu stellen. Wer etwas logisch begründen kann, scheint stets auf der sicheren Seite zu stehen. Erfolg aber ist nicht einfach so planbar – sonst würden wir alle ja immer unsere Ziele erreichen und damit stets erfolgreich sein.

Wir sind uns gar nicht bewusst, dass wir tagtäglich viele Male intuitiv entscheiden.

Wir können unser Gehirn nicht so sehr kontrollieren, dass es emotionale Beurteilungen abschalten würde.

Im Prinzip findet in unserem gesamten Körper vom Tage unserer Geburt an ein ständiger Input statt – wie bei einem Computer, den man mit Daten füttert.

Unzählige Informationen nehmen wir pro Sekunde auf: über die Augen, über die Ohren, über die Nase, über die Sensoren unserer Haut. Auch wenn wir es uns nicht bewusst machen.

Wissenschaftler haben herausgefunden: Mehr als zehn Millionen Eindrücke bombardieren unsere Sinne pro Sekunde: eine unvorstellbare große Zahl. Unser Gehirn schaltet die bewusste Aufnahme von Informationen daher ab – es könnte sie gar nicht verarbeiten. Dennoch sind die Informationen nicht verloren. Sie sind in unserem Unterbewusstsein gespeichert. Wir können auf diese riesige Datenmenge vertrauen und sie wie in einem Computer abrufen.

> *Das Prinzip aller Dinge ist das Wasser;*
> *aus Wasser ist alles, und ins Wasser kehrt alles zurück.*
> Thales von Milet

Wir tun das auch: Jeder Mensch handelt jeden Tag »nach Gespür« und hinterfragt nicht jede kleinste Aktion über Bewusstsein und über logisches Denken. Das wäre unmöglich. Intuition lässt uns im Dialog mit anderen »automatisch« den richtigen Ton, die passende Gestik und Mimik einsetzen. Selbst ungewohnte Situationen erkennen wir intuitiv – weil uns die Informationen aus dem Unterbewusstsein das passende Handeln vorgeben.

Intuition und Handeln nach dem Bauchgefühl kann man nicht mit dem Verstand erklären. Jeder Mensch hat seine eigene »Datenbank« aus Erfahrungen, Informationen und unbewusst Erlerntem.

Wir wissen nur: Intuition »funktioniert« – jeden Tag, jede Stunde unseres Lebens und in allen nur denkbaren Situationen. Auch in solchen, in denen scheinbar nur Logik und Ratio entscheiden. Intuition ist eine tiefe und reiche Quelle, aus der wir wieder schöpfen müssen, um Erfolg im Leben zu haben.

Wieder in sich selbst hineinhorchen lernen

Leider haben wir es meist verlernt, bewusst unser »Bauchgefühl« einzusetzen. Das ist kein Widerspruch: Bewusst und intuitiv gehen durchaus Hand in Hand.

»Bewusst intuitiv agieren« bedeutet: sich wieder darauf besinnen, in sich hineinzuhorchen, was einem die Intuition sagt.

 *Vor Gott muss man sich beugen, weil er so groß ist,*
vor dem Kinde, weil es so klein ist.

Peter Rosegger

Als Kinder haben wir das stets getan, da haben wir so gehandelt, wie unser Gefühl es uns eingab. Als Erwachsene jedoch müssen wir unangenehme Erfahrungen, uns vielleicht peinliche Gefühle und unklare Erinnerungen erst einmal »wegräumen«, bevor wir wieder auf unsere Intuition hören und damit erfolgreich sein können.

Wie oft geschieht es, beispielsweise wenn wir jemanden kennenlernen und uns in ihn verlieben, dass unser Körper nicht so will, wie wir es uns wünschen? Das Flattern der Schmetterlinge im Bauch gleicht plötzlich einem leichten Magengrimmen.

Wir schieben das natürlich auf alles andere, auf die Aufregung – und Monate später, vielleicht Jahre später erkennen wir: Es war unsere Intuition, die uns »gewarnt« hat.

Es war ein Alarmsignal unseres Unterbewusstseins.

Wir haben es aber beiseitegeschoben. Haben kleine Zweifel weggewischt und sie damit »logisch erklärt«, dass wir gerade eine gescheiterte Beziehung hinter uns hatten. Dass wir deshalb paranoid reagieren. Dass wir Angst vor dem Neuen haben und was der »Erklärungen« mehr sind …

Letzten Endes aber zeigt sich: Unsere Intuition hatte uns nicht in die Irre geführt.

Wir hätten auf sie hören sollen – dann wäre uns erneutes Herzeleid erspart geblieben.

Folge immer deiner Intuition, auch wenn es riskant ist! Such dir den Beruf, zu dem du dich wirklich berufen fühlst! Mach, was du wirklich machen willst! Dann ist es hinterher nicht so schlimm, wenn alles schiefgeht.

Hilary Hahn

Man kann es lernen, sich wieder mehr auf das eigene Unterbewusstsein zu verlassen. Entweder mühsam durch »trial and error« – also Versuch und Irrtum, und das kostet Energie und bringt uns möglicherweise erst nach vielen Jahren zum Erfolg. Es kostet uns auch immer wieder aufs Neue, bis wir es kapieren, Leid und Schmerz. Oder wir wählen den anderen, besseren und schnelleren Weg: indem wir es ganz gezielt angehen und bewusst in uns hineinhorchen.

Das Unterbewusstsein ist unendlich reich an Informationen

Der Fundus an unbewusstem Wissen in uns ist unvorstellbar groß.
Bei vielem, was wir tun, müssen wir nicht darüber nachdenken, wie
wir es tun. Wir laufen sozusagen »auf Autopilot«:
Wir schalten im Auto in die verschiedenen Gänge, ohne uns jeweils
bewusst zu machen, dass wir Gas wegnehmen, die Kupplung treten,
den Gang einlegen, die Kupplung loslassen und dann wieder Gas
geben. Anfangs, in der Fahrstunde, ist das noch anders. Aber je öfter
wir fahren, je mehr Routine wir bekommen, umso eher schalten wir
»automatisch«. Und das ist mit vielen Bereichen unseres alltäglichen
Lebens so.

 Alles Gelingen hat sein Geheimnis, alles Misslingen seine Gründe.

Joachim Kaiser

Der Wissenschaftler Malcolm Gladwell nennt die Daten unseres
Unterbewusstseins, die zu intuitivem Handeln führen, »Informati-
onsscheibchen«. In seinem Buch *Blink* erklärt er das intuitive Vorgehen des Gehirns als »Scheibchen schneiden«. Wie ein Scanner
durchsucht das Gehirn all unsere Erfahrungen, entdeckt Muster
in Situationen und Verhaltensweisen – und reagiert dann intuitiv.
Gladwell meint außerdem, dass einfache Regeln es dem Gehirn er-
möglichen, ausgeblendete Informationen, die eben nicht bewusst,
sondern nur unbewusst wahrgenommen worden sind, durch reine
Annahmen zu ergänzen. Das klingt nach Risiko, ist aber erwiese-
nermaßen eine beinahe perfekte Methode.

Wir haben es nämlich im Laufe unserer Entwicklung gelernt, sowohl menschheitsgeschichtlich wie individuell, Schlussfolgerungen
aus unserer Umwelt und dem Verhalten unserer Mitmenschen zu

ziehen. Geräusche beispielsweise, die wir nicht kennen und die wir abends in unserer Wohnung hören, versetzen uns auch heute noch »automatisch« in Alarmbereitschaft – ein Erbe aus Urzeiten, denn ein ungewohntes Knacken konnte bedeuten, dass Gefahr im Verzug war: ein wildes Tier vor der Wohnhöhle, ein Ast, der in einer Feuersbrunst zerbricht, ein sich anschleichender Feind – alles war möglich. Heute fahren wir nachts genauso aus dem Schlaf auf – und vermuten einen Einbrecher.

> *Man muss den Leuten nur ein bisschen verrückt vorkommen,*
> *dann kommt man schon weiter.*
> Wilhelm Raabe

Einzelheiten zu analysieren – dafür bleibt gar nicht die Zeit, wenn wir in bestimmten Situationen schnell reagieren müssen. Für unser Gehirn ist es einfacher und wirkungsvoller, ganze Muster zu überprüfen. Früher war das lebensrettend. Heute kämpfen wir zwar nicht mehr ums nackte Überleben. Dennoch reagiert unser Unterbewusstsein genauso – und es sorgt auch dafür, dass unser gesamter Organismus in Alarmbereitschaft ist.

Im Laufe der Jahrtausende hat unser Gehirn eine Menge dazugelernt. Bestimmte Grundmuster allerdings, vor allem im menschlichen Zusammensein, sind gleich geblieben: Wir lesen intuitiv Körpersprache – obwohl wir der festen Überzeugung sind, wir würden lediglich auf gesprochene Sprache reagieren.
Jeder Kommunikationstrainer jedoch weiß: Das gesprochene Wort macht lediglich einen Bruchteil der Verständigung zwischen uns Menschen aus. Viel intensiver lassen wir uns, selbst wenn uns das nicht bewusst ist, von Stimme, Gestik und Mimik beeinflussen.

Oft sind das nur winzige Signale. Unser Unterbewusstsein aber registriert sie sehr wohl. Und verankert sie auch in unserem Gehirn.

Wir müssen nur lernen, aufmerksamer zu sein und auf unsere Intuition zu vertrauen. Und sie gemeinsam mit dem Verstand walten lassen. Dann ist uns Erfolg in allen Lebenslagen sicher.

Das achte Geheimnis des Erfolgs: Wer Herz und Verstand im Einklang miteinander arbeiten lässt, wird erfolgreich sein.

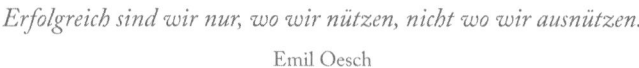

Erfolgreich sind wir nur, wo wir nützen, nicht wo wir ausnützen.

Emil Oesch

Intuition und Verstand – im Einklang mit der Goldenen Regel

Das Offenbarungswissen der Hermetik wurde bereits Jahrhunderte vor unserer Zeitrechnung niedergelegt. Diese Lehre, nach dem griechischen Götterboten Hermes benannt, besagt: »Dasjenige, welches unten ist, ist gleich demjenigen, welches oben ist. Und dasjenige, welches oben ist, ist gleich demjenigen, welches unten ist, um zu vollbringen die Wunderwerke eines einzigen Dinges.« In schlichteren, einfachen Worten: »Wie im Himmel so auf Erden.«

Die Goldene Regel leitet sich daraus ab. Sie entstammt der praktischen Ethik und meint nichts anderes als: »So, wie wir handeln, so kommt es zu uns zurück.« Diese Regel zu einem harmonischen Zusammenlegen gibt es in allen Religionen, in allen Philosophien auf unserer Erde – sie ist ein unumstößliches, kosmisches Gesetz:

- Im Alten Testament: »Du sollst deinen Nächsten lieben wie dich selbst; ich bin der Herr.« (Levitikus, 19,18)
- In der griechischen Antike: »Tue anderen nicht an, was dich ärgern würde, wenn andere es dir täten.« (Sokrates, 469–399)
- Im Buddhismus: »Verletze nicht andere auf Wegen, die dir selbst als verletzend erschienen.« (Udana Varga, 5,18)
- Bei Konfuzius (551–479): »Tue anderen nicht, was du nicht möchtest, dass sie dir tun.«
- Bei den Hindus: »Man soll sich nicht auf eine Weise gegen andere betragen, die einem selbst zuwider ist. Dies ist der Kern aller Moral. Alles andere entspringt selbstsüchtiger Begierde.«
- In der persischen Lehre von Zarathustra: »Was alles dir zuwider ist, das tue auch nicht anderen an.«
- Im Judentum: »Was du nicht leiden magst, das tue niemandem an.«
- Aus der Bergpredigt von Jesus Christus: »Alles nun, was ihr wollt, das euch die Leute tun sollen, das tut ihr ihnen auch. Das ist das Gesetz und die Propheten.«
- Im Islam: »Der vorzügliche Glaube ist, das, was du für dich wünschst, auch den anderen zu wünschen, und das, was du dir nicht wünschst, den anderen auch nicht zu wünschen.«

Es gibt immer zwei Möglichkeiten

Die Goldene Regel hilft Ihnen dabei, die »richtige« Alternative zu wählen. Gerade beim Umgang mit den lieben Mitmenschen sollten Sie sich stets in Erinnerung rufen: »Wie man in den Wald hineinruft, so schallt es heraus!« Und genau darauf kommt es an, wenn Sie Erfolg haben wollen.

Wie hätten Sie's gemacht?

Es gibt immer wieder Situationen, in denen unsere Ruhe und Gelassenheit, aber auch unsere Bereitschaft, mit der Goldenen Regel zu agieren, auf die Probe gestellt wird. Sehen Sie selbst! Wie hätten Sie in diesen praktischen Beispielen agiert?

Bei der Polizeikontrolle:

Sie haben ein reines Gewissen: nur Cola oder Wasser getrunken, nicht zu schnell gefahren, auch kein Verkehrzeichen übersehen - was also kann man von Ihnen wollen?! Nichts Böses jedenfalls. Sie haben allerdings vor Kurzem einen Strafzettel bekommen …

Nun gibt's zwei Möglichkeiten, wie Sie sich verhalten können:

◆ Sie sind immer noch sauer wegen des Falschparker-Tickets und begegnen dem diensthabenden Wachtmeister entsprechend mit mürrischer Miene und schlechter Laune. Kein Wunder, dass auch er nicht gerade überströmend freundlich zu Ihnen ist. Erst recht, wenn Sie Widerworte geben und den Polizisten auch noch ankeifen, weil »seine« Verkehrskontrolle Sie von einem wichtigen Termin abhält. Sie sollten sich deshalb nicht wundern, wenn Sie – falls Sie in einer kleinen Gemeinde leben – in der nächsten Zukunft besonders unter polizeilicher »Obhut« stehen. Dann allerdings können Sie sich so schnell nicht einmal mehr den kleinsten Schnitzer erlauben …

◆ Sie sind zwar auch nicht gerade bestens auf die Polizei zu sprechen, aber Sie wissen: Erstens tun die »Grünen« nur ihren Job und zweitens können Sie eh nichts machen, als sich brav in die Autoschlange einzureihen. Warum also dann nicht das Beste aus der Situation herausholen? Sie sind freundlich und höflich – und werden in fast allen Fällen sicher auch ebenso behandelt.

Für die Menschen gibt es nichts Überzeugenderes als die Erfolge;
willig beugen sie sich dem Glücke und dem Ruhm.

Leopold von Ranke

Beim Einkaufen:

Sie haben es wieder mal nicht rechtzeitig zum Einkaufen geschafft. Und so stehen Sie nun samstags kurz vor Mittag an der Kassenschlange im Supermarkt – mit nur fünf Artikeln, die Sie auch nicht im Wägelchen deponieren, sondern in der Hand halten. Natürlich fängt bald alles zu rutschen an. Rund herum einkaufende Großfamilien, die ihre Einkaufswagen randvoll geladen haben. Zwei Möglichkeiten gibt es nun:

◆ Sie drängen sich einfach vor und riskieren nicht nur böse Blicke, sondern auch böse Worte: von den Mit-Anstehenden ebenso wie von der Kassiererin. Natürlich reagieren Sie entsprechend: sauer, giftig, mit gereizten Worten! Das bringt Ihren Adrenalinspiegel auf Touren und Sie können sicher sein: Ein richtig entspanntes Wochenende haben Sie zumindest die nächsten paar Stunden gewiss nicht.

◆ Sie fragen freundlich lächelnd, ob Sie in der Schlange nach vorne gelassen werden. Wenn Sie kein Riesenpech haben, schaffen Sie es, zumindest ein paar Meter nach vorne zu rücken. Nicht nur Sie haben ein Erfolgserlebnis, sondern Sie vermitteln dies auch anderen (schließlich haben die eine gute Tat getan!) – und Sie können sicher sein: Das kleine Lächeln wird Ihnen den ganzen Tag verschönern.

Wer Erfolg haben will, darf keine Angst haben, Fehler zu machen.
Frank Tyger

In der Autowerkstatt:

Der Automechaniker erzählt Ihnen schon morgens um acht schlecht gelaunt, dass er die Inspektion Ihres Wagens ganz gewiss nicht bis heute Abend fertig hat. Die Zusicherung, als Sie gestern telefonisch anfragten, dass Ihr Wagen selbstverständlich heute drankäme, hat er vergessen. Wieder haben Sie zwei Möglichkeiten:

◆ Sie bestehen auf Ihrem Recht und seiner Zusage, die Inspektion innerhalb der festgesetzten Zeit durchzuführen. Und dies in einem Ton und einer Gestik, die ganz gewiss nichts an Deutlichkeit vermissen lässt. Sie lassen den Chef kommen – aber vergeblich. Sie können nun also ohne Inspektion fahren oder aber in den sauren Apfel beißen und warten oder einen Leihwagen ordern, wenn Sie Ihr Auto unbedingt brauchen.

◆ Sie zeigen Verständnis – zumindest verbal und mit ein paar netten Gesten. Versuchen Sie mit einem Lächeln und auf diplomatische Weise weiterzukommen. Wenn Sie ein Glück haben, kriegen Sie einen Leihwagen gestellt und müssen sogar nur den Benzinverbrauch bezahlen.

Man kann keinen schlechteren Gebrauch
von seinem Erfolg machen, als sich damit zu brüsten.
Arthur Phelps

Wie Sie mit der Goldenen Regel Erfolg haben

Wägen Sie ab, was Sie erreichen wollen.

Überlegen Sie, wie Sie Ihr Ziel am besten anstreben.

Sie müssen sich nicht verbiegen, um zu einem Erfolg zu kommen.

Aber Sie sollten nie vergessen: Selbst wenn Ihnen jemand auf unangenehme Weise gegenübertritt, entschärfen Sie die Situation mit einem Lächeln.

Deswegen muss man sich nicht alles gefallen lassen. Aber gehen Sie mit Diplomatie vor.

Wenn Sie selbst dann die Situation nicht retten können – ziehen Sie eine klare Grenze.

Grenzen setzen ist unerlässlich für den Erfolg.

Aber handeln Sie stets im Bewusstsein der Goldenen Regel.

Sie wollen Respekt? Dann zeigen Sie sich respektvoll.

Sie wollen Anerkennung? Dann erkennen Sie Ihr Gegenüber an.

Setzen Sie Verstand und Intuition ein. Erkennen Sie kleine Signale – bei sich selbst, bei anderen.

Wenn Sie momentan Zweifel haben: Nehmen Sie eine Auszeit.

Überdenken Sie in Ruhe alle Details. Rufen Sie sich in Erinnerung, was Sie in ähnlichen Situationen erlebt haben – was Sie heute anders machen wollen.

Handeln Sie dann mit Gelassenheit. Ohne Aggression, ohne böse Worte und ohne den anderen zu verletzen.

Achten Sie Ihr Gegenüber – Sie selbst wollen auch geachtet werden. Sie möchten niemanden demütigen oder gar »niedermachen«.

Sie werden sehen: Der Erfolg beweist Ihnen, dass Sie richtig liegen.

KAPITEL 9

Mein Geheimnis:
Das grenzenlose Universum

Der richtige Blickwinkel ist entscheidend: Wie wichtig sind unsere Alltagsprobleme wirklich? Es genügt schon, auf einen Berggipfel zu wandern oder am Gestade des Meeres zu sitzen, einen Sonnenaufgang oder -untergang zu erleben oder die Pracht eines klaren Sternenhimmels zu bestaunen, um zu erkennen: All unsere Sorgen und Probleme, aber auch all unsere Triumphe und Erfolge sind nichts im Vergleich zum grenzenlosen Universum.

Im Leben sind wir stets mit allen und allem anderen verbunden. Die Änderung der eigenen Sichtweise, das Hineinversetzen in einen anderen, allein die Vorstellung, wie gewaltig die Welt und das Universum sind, bringen uns dazu, Probleme und Schwierigkeiten besser einzuordnen.

> *Wer Freude genießen will, muss sie teilen.*
> *Das Glück wurde als Zwilling geboren.*
> George Gordon Byron

Es liegt in Ihrer Hand …

… was Sie aus Ihrem Leben machen.

Ob Sie einem imaginären Erfolg hinterherjagen – und selbst wenn Sie Ihre Ziele erreichen, also landläufig »erfolgreich« genannt werden können, innerliche Leere verspüren.

Ob Sie Ihr Leben vertrödeln und verplempern, weil Sie Erfolg nur ausschließlich darin sehen, möglich viel zu scheinen – aber im Grunde eben wenig sind.

Ob Sie Ihr Leben lang verpassten Chancen nachtrauern, weil Ihnen das Schicksal so übel will und sich alles und alle gegen Sie stellen.

Ob Sie sich auf Ihre Fähigkeiten und Talente besinnen (und die hat jeder!) und das Beste aus ihnen machen.

Die Kunst ist es wohl, dabei realistisch zu bleiben, ohne Fantasie und Träume zu vergessen. Und zu erkennen: Glück ist ein flüchtiger Moment, kein Dauerzustand. Dauerhaftes Glück – was immer Sie persönlich darunter verstehen mögen – kann nur eine Kette aus vielen Glücksmomenten sein.

> *Glück ist ein flüchtiges Gut, das man im Augenblick erfährt,*
> *kein Zustand für die Ewigkeit.*
> Armin Mueller-Stahl

Es ist gleichgültig, was andere von Ihnen denken

Das einzig Wichtige und Entscheidende: Was halten Sie selbst von sich? Können Sie in den Spiegel schauen und voller Überzeugung sagen: »Ich bin okay so, wie ich bin«?

Fühlen Sie sich wohl dabei, was Sie tun, wie Sie es tun? Wie Sie leben? Wo Sie leben? Mit wem Sie leben?

Oder gibt es in dieser Reihe von Punkten einen oder gar mehrere, wo Sie sich eher unwohl fühlen?

Bei dem Sie wissen: Hier hakt es, hier muss ich etwas ändern, um mich wirklich gut zu fühlen? Hier möchte ich auch etwas ändern?

Sie sind der einzige Mensch weit und breit, der das beurteilen kann. Und auch der einzige, der es ändern kann.

Halten Sie sich nicht damit auf, was andere von Ihnen denken, wie Sie Ihren Charakter, Ihre Persönlichkeit und Ihr Auftreten beurteilen. Klar – von guten Freunden werden Sie einen Rat annehmen. Und sich auch gern beraten lassen.

Denn natürlich leben Sie nicht auf einer Insel, sondern müssen sich im Job und auch im Privatleben arrangieren. Wenn Sie immer zu spät kommen, ist das nicht ein nettes Beiwerk Ihres sonst untadeligen Charakters, sondern schlicht und ergreifend respektlos gegenüber all jenen, die auf Sie warten müssen.

Das ist aber etwas gänzlich anderes, als sich dauernd nur im Spiegel seiner Mitmenschen zu sehen und nicht mehr in der Lage zu sein, selbst zu wissen, wer Sie sind, wie Sie sind, was Sie wollen.

Leben ist wie lieben – alle Vernunft spricht dagegen, aller gesunde Instinkt dafür.
Samuel Butler

Garantie fürs Unglücklichsein?

Sie werden sich für immer und drei Tage schlecht fühlen, wenn Sie sich ständig mit anderen vergleichen – und dann auch noch selbstverständlich zu Ihrem eigenen Nachteil. Und wenn Sie außerdem ausschließlich auf das hören, was andere Ihnen einreden wollen. Selbst wenn es gut gemeint sein sollte (was oftmals gar nicht der Fall ist – es gibt eine ganze Menge »guter Freunde«, die alles andere sind als wohlmeinend).

Sie können sicher sein: Ihr Leben wird ganz und gar nicht erfüllt sein, Sie werden auch nur wenig Glücksmomente erleben, wenn Sie fremdbestimmt sind.

Wenn Sie sich nicht selber mögen – auch auf die Gefahr hin, dass ein anderer Sie kritisiert.

Ständig nach anderen zu schielen und die Bestätigung, die jeder von uns braucht, nur von anderen zu bekommen, ist die Garantie dafür, dass Sie unglücklich leben werden.

Ja sagen zu sich selbst

Was tut Ihnen wirklich gut?

Wissen Sie das überhaupt?

Nehmen Sie sich die Zeit und vor allem die Muße, sich eingehend mit sich selbst zu beschäftigen. Nicht nur einmal, sondern im Abstand von ein paar Monaten immer wieder. Dann erkennen Sie ganz klar alle Fortschritte, die Sie machen. Und eines ist sicher: Wenn Sie laut und deutlich Ja sagen zu sich selbst, werden Sie voranschreiten, dann werden Sie Erfolg haben!

Schreiben Sie sich eine Positiv-Negativ-Liste:

- Was finden Sie gut an sich? An Ihrem Leben? Was stört Sie?
- Was können Sie verändern? Wollen Sie das überhaupt verändern?
- Wie viel Zeit brauchen Sie dafür?
- Wann ist der richtige Zeitpunkt für Änderungen?
- Was benötigen Sie, um Änderungen durchzuführen?
- Können Sie es allein schaffen – oder brauchen Sie Unterstützung? Wer könnte Ihnen dabei helfen?
- Akzeptieren Sie stets stillschweigend, was andere Ihnen vorschreiben?
- Oder trauen Sie sich, mal aufzumucken oder das zu tun, was Sie wollen, worauf Sie Lust haben?
- Gehen Sie ständig Kompromisse ein? Oder geben auch mal Ihre Mitmenschen nach?
- Wie sehen Ihre Ziele im Leben aus? Wohin wollen Sie?
- Ist es Ihnen wichtig, was andere von Ihnen denken – oder sind Sie allein wichtig?

Man kann ein ganzes Leben damit verbringen, darauf zu hören, was andere sagen, was andere von einem halten, was andere gut finden. Manchmal mag es ja übereinstimmen.

Aber im Grunde gibt es nur einen einzigen Menschen, der weiß, was gut für Sie ist:

Sie selbst.

Glück lässt sich finden, es zu behalten, ist eine Kunst.

Sprichwort aus China

Mit dem Kopf durch die Wand?

Man kann Sie stur nennen – wenn man Ihnen und Ihrem neuen Weg nach Erfolg gegenüber eher negativ eingestellt ist. Oder es Ihnen schlicht und ergreifend nicht gönnt, dass Sie voranschreiten, während man selbst im Alten verharrt.

Man kann Sie für entschlussfreudig und tough halten – und das werden all jene tun, die auf Ihrer Seite sind. So trennt sich recht schnell die Spreu vom Weizen.

Schlechte Freunde sind gar keine; sie sagen gleich von vornherein: »Das ist Unsinn, was du da vorhast. Das kann nicht klappen. Das schaffst du nie! Du hast es doch schon mal probiert und es hat nicht funktioniert!«

Sie sehen nur die Probleme (die es ohne Zweifel gibt), nicht aber das Positive, das Sie erreichen können. Und wenn dann wirklich ein selbst nur kleines Missgeschick passiert, werden Sie zu hören bekommen: »Ich hab es dir ja gleich gesagt!« Wenn sie sich nicht sogar gar nicht mehr melden …

Gute Freunde gehen mit Ihnen durch dick und dünn. Sie sind kritisch, sagen Ihnen auch, was sie für Bedenken haben. Sie reden nichts schön.

Aber sie lassen zu, dass Sie Ihre eigenen Erfahrungen machen. Sie unterstützen Sie bei Ihren Vorhaben und sorgen dafür, dass Sie bei einem Rückschlag nicht resignieren.

Sie stehen Ihnen mit Trost und Aufmunterung zur Seite. Auch mitten in der Nacht, auch dann, wenn sie selbst was anderes vorhaben. Gute Freunde können damit umgehen, wenn Sie wie ein Häufchen Elend vor ihnen sitzen. Gute Freunde freuen sich mit Ihnen, wenn Sie Ihre Ziele erreichen und Erfolg haben.

Leben ist Brückenschlagen über Ströme, die vergehen.
Gottfried Benn

Ich will alles – und das sofort!

Dass das nicht klappen kann, ist Ihnen sicher klar.

Jeder Sportler hat mal klein angefangen und ist nicht gleich die Marathonstrecke gelaufen.

Genauso ist es mit all unseren Zielen.

Erfolg geht in kleinen Schritten – dann aber stetig.

Selbst wenn es mal einen Rückschlag gibt: Was macht es?

Dann treten Sie einen Schritt zurück – ganz bewusst.

Und machen von da aus weiter. Es ist allemal ein Stückchen weiter in Richtung Ziel als ganz am Anfang.

Sie legen keine große Pause ein und Sie resignieren auch nicht.

Sie sagen nicht: »Es hat ja eh keinen Sinn, ich wusste ja gleich, dass ich das nicht schaffe!«

Sondern Sie motivieren sich neu. Wenn Ihnen das nicht gelingt, gönnen Sie sich eine kleine Atempause.

Sie holen sich außerdem Hilfe: bei guten Freunden, bei einem Experten in der Sache, die Sie nicht schaffen.

Das muss übrigens gar nichts kosten: Rat und Tat gibt es oft gratis – und das nicht nur im Internet, sondern in Selbsthilfegruppen, in Vereinen.

Machen Sie sich immer bewusst:

Sie können nicht innerhalb kürzester Zeit alle Ihre Ziele erreichen – und sozusagen durchstarten wie eine Rakete. Und selbst dann wären Sie am Ende ausgebrannt …

Das Geheimnis für den Erfolg sind kleine Schritte – jede noch so winzige Stufe führt Sie weiter zu Ihrem Ziel.

 Das Schwierige am Erfolghaben ist eben,
dass man es jeden Tag wieder haben muss.
Hans Kilian

Sie würden gern ein paar Kilo abnehmen? Guter Entschluss.

Aber das geht – vor allem wenn Sie nicht nur die Pfunde schmelzen sehen möchten, sondern Ihr Gewicht auf Dauer halten wollen und dabei auch noch auf die Gesundheit achten – und das ab jetzt, nicht in ein paar Tagen oder gar Wochen.

Sie fänden es toll, eine Fremdsprache zu lernen? Bestens.

Aber es sollte Ihnen klar sein, dass man keine Sprache perfekt in einem Jahr beherrscht. Dass es dazu Ausdauer und Energie braucht.

Mit Beständigkeit zum Erfolg

Vielen Menschen wird schnell langweilig, wenn sie immer wieder dasselbe tun. Bei vielen unserer Ziele – ob Abnehmen oder Sprache lernen, ob mit dem Rauchen aufhören oder sich sportlich betätigen – ist genau die Wiederholung von ein und derselben Tätigkeit die einzige Chance auf Erfolg.

Wir sind es leider gewohnt, ständig neuen »Input« zu haben, und können nur mehr schwer damit umgehen, dass es meist länger dauert, bis sich Erfolge einstellen. Das ist nicht nur schade, weil es zeigt, wie oberflächlich wir geworden sind.

Sondern es ist auch gefährlich: Unsere Scheu, tiefer in ein Thema oder eine Tätigkeit einzusteigen, hält uns davon ab, eine Sache wirklich zu erlernen und auszuüben.

Im Job fällt uns das unter Umständen leichter. Da steht aber auch ein Zwang dahinter: Wir wollen unsere Position in der Firma behalten oder sogar ausbauen.

Privat dagegen – da sind wir schnell ausgepowert, da zeigen wir uns lustlos. Oder wir finden einfach angeblich keine Zeit, uns mit einem Thema intensiv zu beschäftigen.

In den meisten Bereichen des Lebens aber ist nur dann Erfolg möglich, wenn wir »dran«bleiben. Wenn uns Erfolg in den Schoß fällt, ist das zwar ein Glücksfall, und sicher freuen wir uns auch darüber. Aber im Grunde unseres Herzens wissen wir: Wir haben eben mal das große Los gezogen, wir haben nicht wirklich etwas geleistet, um erfolgreich zu sein.

Arbeiten für das Glück?

Glück und Zufriedenheit müssen wir uns ebenso erarbeiten wie alles andere im Leben. Sicher: Es ist ein Glücksfall, ein Zufall, eine Laune des Schicksals, wenn wir etwa einen Menschen treffen, der uns liebt und den wir wiederlieben. Das kann man sich nicht »erarbeiten«. Dass die Liebe aber bleibt, dass die Partnerschaft wächst und gedeiht, dass wir uns beidseitig wohlfühlen, achten und respektieren – nicht nur Liebende, sondern auch Freunde werden: Das ist »Arbeit«. Wenn wir da dann Erfolg haben – weil wir eben nicht allzu schnell aufgeben: Darauf können wir stolz sein.

Wenn der Erfolg nicht befriedigend ist

Lassen Sie sich nicht von anderen einreden, was Sie glücklich macht. Weder von Medien und Werbung noch von »guten Freunden« und schon gar nicht von Fremden.

Sie selbst müssen herausfinden, was Sie glücklich macht.

Im Laufe des Lebens wird sich das sicherlich auch ändern: In jungen Jahren ist schon der Blick des oder der Angebeteten das reine Glück. Je älter Sie werden, je reifer und erwachsener Sie sind, umso mehr werden sich die Wertigkeiten verschieben. Zumindest dann, wenn Sie Glück in Ihrem Innern suchen.

Viele Menschen jagen verzweifelt dem Glück hinterher. Und wenn sie es erreicht haben – ist es schal und leer.

Ähnlich kann es einem mit Zielen gehen, denen man nacheifert.

Kein Erfolg ohne Einsatz, kein Einsatz ohne Einsamkeit.

Mark Mobius

Keine Freude mehr am Erfolg

Vielleicht kennen Sie das: Da haben Sie sich mühsam endlich im Job die Position erarbeitet, die Sie schon lange haben wollten. Und nun? Sie ertappen sich bei dem Gedanken: »Und das war es jetzt? Wieso kann ich mich nicht freuen über meinen Erfolg?«

Fragen Sie sich:

- Waren meine Erwartungen zu hoch? Welche Erwartungen hatten Sie überhaupt?
- Haben Sie vielleicht geglaubt, Ihr ganzes Leben würde sich jetzt ändern? Hofften Sie auf mehr Anerkennung, auf weniger Stress?
- War Ihnen nicht klar, dass es Neid und Missgunst geben würde? Wie gehen Sie damit um?
- Fühlen Sie sich vielleicht sogar schuldig, weil Sie erfolgreich waren – und andere nicht? Ist es Ihnen unangenehm, dass Sie jetzt eher im Mittelpunkt stehen?
- War der »Spaß an der Freud'« vielleicht eher das Streben nach dem Ziel – und nicht das Ziel selbst?
- Sind Sie überhaupt noch in der Lage, sich zu freuen, einen Erfolg zu genießen?
- Können Sie sich noch für etwas begeistern – und wenn ja: wofür?
- Was berührt Sie tief im Innersten?
- Wofür lohnt es sich zu kämpfen?
- Letztendlich: Was macht Sie glücklich?

Der Trick des Lebens besteht nicht darin, dass man bekommt,
was man will, sondern dass man es noch will,
wenn man es schon bekommen hat.

Katharine Houghton Hepburn

Solche Fragen können nach jedem Erfolg wichtig werden – nicht

nur um Berufsleben. Neider und missgünstige Menschen gibt es auch bei kleinen Erfolgen: Vielleicht ist Ihre Nachbarin sauer, weil Sie es geschafft haben, fünf Kilo abzunehmen. Oder es ist Ihnen peinlich, dass Bekannte Sie darauf ansprechen, wie toll sie es finden, dass Sie den Mütterwettlauf im Kindergarten gewonnen haben.

> *Erfolg kommt nicht von allein und liegt auch nicht plötzlich einfach so*
> *auf dem Teller beim Abendessen.*
>
> Nadia Comăneci

Aber auch in Ihrem Inneren sollten Sie nachforschen:
Können Sie sich darüber freuen und stolz auf sich sein, wenn Sie es geschafft haben, heute mal endlich morgens um sieben Uhr schon zwei Kilometer zu joggen? Dass Sie heute nur noch fünf Zigaretten geraucht haben? Dass Sie endlich mit dem Fachbuch fertig geworden sind, das Sie schon lange lesen wollten?
Kleinigkeiten – gewiss.
Aber:
Jeder Erfolg, den Sie nicht genießen können, sollte Sie dazu veranlassen, Ihre Ziele und Wünsche nochmals zu reflektieren.

> *Wer nur um Gewinn kämpft, erntet nichts, wofür es sich lohnt zu leben.*
>
> Antoine de Saint-Exupéry

Der Kreislauf des Lebens

Der Kreislauf des Wassers – von der Quelle über Bach, Fluss, Strom bis ins Meer – ist unendlich. Selbst im Ozean ist er nicht zu Ende: Im Sonnenlicht verdunstendes Wasser steigt auf gen Himmel, verdichtet sich zu Wolken und regnet wieder hinab auf die Erde. Alles in der Natur ist einem ewigen Kreislauf unterworfen: Von Frühling über Sommer hin zu Herbst und Winter können wir das Jahr um Jahr aufs Neue beobachten.

Viele Religionen kennen daher in ihrem Glauben die Wiedergeburt. Selbst die Naturvölker und auch unsere Vorfahren glauben an das Lebensrad, an das immer Wiederkehrende bei Mensch, Tier und Pflanze. Nicht unbedingt im selben Zustand, aber dass es ein »Vorher« ebenso gab, wie es ein »Nachher« geben wird, ist im Glauben bei allen Völkern der Erde verankert.

Die Harmonie der Gegenpole

Es gibt stets überall zwei Polaritäten: schwarz – und eben weiß. Licht – und Schatten. Mann – und Frau. Berg – und Tal. Wasser – und Trockenheit. Reichtum – und Armut. Jedes für sich genommen ist unvollständig. Erst zusammen sind sie eins, erst gemeinsam bringen diese entgegengesetzten Pole Harmonie – etwa in den Hälften des Yin-Yang-Symbols. Oder in dem Wissen, dass es ohne Nacht keinen Tag geben kann; dass ohne Tod nichts geboren werden kann.

Eng verbunden mit dem Prinzip dieser Dualität ist die Vorstellung, dass sich im grenzenlosen Lauf des Universums »gut« und »böse« irgendwann einmal aufheben. Alles steht im Einklang mit der Natur – und in ihrer Vielfältigkeit gibt es eben Positives und Negatives. Innerhalb des großen Lebenskreises hebt sich Gutes und Schlechtes auf, hält es sich die Waage.

Das neunte Geheimnis des Erfolgs:
Es gibt keinen Anfang und kein Ende.
Wer dies weiß und akzeptiert, meistert
sein Leben erfolgreich.

Leben = Er-Leben

Unser Leben verläuft in einem ständigen Auf und Ab. Wir können ein Hoch nur genießen, ja sogar: nur erkennen, wenn wir auch das Tief kennen.

Stellen Sie sich nur einmal vor, wie langweilig es wäre, wenn sich alles im Leben stets auf dem gleichen Level abspielen würde. In der kleinen Übung »Der ideale Tag« (Kapitel zum siebten Geheimnis) haben Sie gesehen: Es ist gar nicht so leicht, sich ein Ideal vorzustellen, das immer anregend ist, das auf Dauer nicht langweilig wird. Ideal leben würde ja auch bedeuten: Keine Wünsche mehr haben. Von nichts mehr träumen – denn alles, was Sie sich wünschen und erträumen, wäre ja schon da. Mit Leben im Sinne von Er-Leben hat dass nicht viel zu tun, nicht wahr?

Auch Erfolge haben mit Erleben zu tun: Wir freuen uns an ihnen. Wir streben nach ihnen, wir kämpfen um sie. Manchmal gewinnen wir – dann feiern wir.

Manchmal verlieren wir den Kampf – dann trauern wir, dann geht es uns nicht so gut.

Beides – gewinnen und verlieren – gehört zum Leben.

Zum Er-Leben.

Ohne Sieg und Niederlage, ohne Erfolg und Missgeschick, ohne Freude und Leid wäre das Leben langweilig und schal.

KAPITEL 10

Mein Geheimnis:
Alles ist eins

Die Einsicht, dass wir nicht allein sind, lässt uns niemals verzweifeln. Im tiefsten Innern sind wir uns stets der Tatsache bewusst, dass wir uns in Bewegung befinden, dass sich alles zum Guten wenden wird und dass Probleme sich lösen werden. Die universellen Gesetze des Kosmos, die überall gelten, helfen uns dabei, zu innerem Frieden zu finden, zu mentaler Stärke und damit letztendlich zum Erfolg.

Der Himmel ist bemalt mit unzähligen Funken, alle sind sie Feuer, und jeder einzelne leuchtet. Aber es gibt nur einen einzigen, der seine Stellung nicht verändert.

William Shakespeare

Die universellen Gesetze

Mit den universellen Gesetzmäßigkeiten kann jeder von uns wahrhaft »magische Augenblicke« erleben – wundervolle Glücksmomente, persönliche Erfolge, Freude am Leben und tiefe Zufriedenheit. Und das Beste: Man kann all das bewusst herbeiführen.

Es wäre falsch anzunehmen – wie es in manchen Büchern behauptet wird –, dass die kosmischen Gesetze dafür da sind, uns Menschen vor allem finanzielle und materielle Vorteile zu verschaffen.
Wünsche ans Universum laufen nicht auf so banalen Wegen ab: »Ich hätte gerne ein neues Auto« – und morgen gewinnen Sie im Lotto und können sich eines kaufen. Sie können sich auch nicht einfach nur einen neuen Job wünschen oder eine tolle Ferienreise, man kann mit dem universellen Gesetzen auch keine schwere Erkrankung zum Verschwinden bringen oder einen Unfall ungeschehen machen. Das ist Unsinn – aber leider glauben viel zu viele Leute an so etwas.

Die universellen Gesetze wirken eher auf mental-seelischer Basis. Da aber genauso zuverlässig wie ein Gesetz der Naturwissenschaft.

Natur wiederholt ewig in weiterer Ausdehnung denselben Gedanken. Darum ist der Tropfen ein Bild des Meeres.

Christian Friedrich Hebbel

Glaube oder Nichtglaube?

Es ist schade, dass in unserer allzu an Technik und »Fassbarem« orientierten Zeit erst nach und nach wieder ins Bewusstsein der Menschen rückt, wie alles in unserer Welt – und zwar in der gesamten Welt, nicht nur auf der Erde – zusammenpasst und ineinandergreift, ja miteinander arbeitet.

Es hat wenig mit Glauben oder Nichtglauben zu tun, wenn man Gesetzmäßigkeiten ignoriert oder sogar ablehnt, ja manchmal vehement geradezu bekämpft, weil man sie nicht »fassen« kann, obwohl sie jedoch jeder von uns tagtäglich erlebt. Millionen Menschen erkennen immer wieder voller Lebensfreude, Hoffnung und Zuversicht, was die Gesetzmäßigkeiten bewirken.

Nur weil andere dies negieren und für Humbug halten, heißt das ja nicht, dass sie nicht existent sind.

Die universellen Gesetze kann man nicht – wie etwa das physikalische Gesetz der Schwerkraft – an jedem beliebigen Tag im wissenschaftlichen Experiment und im Labor nachstellen. Das bedeutet allerdings nicht, dass sie nur die »Spinnerei« von esoterisch angehauchten Menschen sind.

Denn: Das Gesetz der Schwerkraft »sieht« man auch nicht. Man »sieht« auch nicht den Atomkern oder Moleküle oder gar die Erbinformationen auf der DNS – dennoch wissen wir, dass sie vorhanden sind.

Wir »wissen« auch im Bereich der Psychologie nicht, ob und wenn ja in welcher Form es die sogenannten Archetypen gibt – also etwa das »innere Kind«, Vater und Mutter, Mann und Frau, Teufel und Engel; aber Seelenärzte arbeiten in der Therapie damit. Und sie haben Erfolg. Auch wenn diese Archetypen noch niemand »gesehen« hat und letztendlich nicht wissenschaftlich »bewiesen« ist, dass sie existieren.

Ähnliche Beispiele gibt es aus vielen Bereichen, nicht nur bei den »Grenzwissenschaften« wie etwa der Noetik (Lehre vom Denken, vom Erkennen geistiger Gegenstände, nach griech. »nous«, das menschliche Vermögen, etwas geistig zu erfassen): Sie beschäftigt sich nicht nur mit der sinnlichen Wahrnehmung des Menschen, sondern auch damit, dass wir zu tieferen geistigen Erkenntnissen fähig sind.

In den USA gibt es seit 1973 in der Nähe von San Francisco das »Institut für Noetische Wissenschaften« (IONS), in Deutschland bereits seit 1950 das »Institut für Grenzgebiete der Psychologie und Psychohygiene« (IGPP) in Freiburg – beides Forschungsinstitute, die sich mit solchen Phänomenen wissenschaftlich auseinandersetzen. Alles Spinnerei?

Das Gesetz des Ausgleichs

Die Goldene Regel – auch Gesetz des Ausgleichs genannt – ist seit Jahrtausenden, in allen Kulturen und Gesellschaften, in allen Philosophien und Religionen enthalten. Es ist jedem unbenommen, mal »auszuprobieren«, wie das funktioniert – ob es überhaupt »funktioniert«. Sie können es sofort anwenden – und Sie werden sofort den Erfolg sehen, wenn Sie danach agieren: »Behandle andere so, wie du von ihnen behandelt werden willst.«

Das Gesetz der Anziehung

Es besagt schlicht und einfach: »Alles und jedes, was uns im Leben begegnet, hat seinen Ursprung in uns selbst. Es ist das Bild, das wir von uns und der Welt haben.« Das bedeutet nichts anderes als: Was wir an Gedanken aussenden, kommt zu uns zurück. Durchaus auch als Handeln. Wenn uns dauernd Missgeschicke passieren und wir schon gar nicht mehr anders können, als mit dem Schlimmsten zu rechnen – wird uns auch Unangenehmes zustoßen.

Das Gesetz des Wahren Willens

»Thelema« – so die griechische Bezeichnung dieses uralten Gesetzes – ist ebenfalls, wie die Goldene Regel, aus alten Zeiten bis heute bei vielen Philosophen und spirituellen und religiösen Lehrern ein Grundprinzip. Selbst Bücher der Magie enthielten die Formel »An' harm it none, do as thou willt« – »Tu, was du willst, solange es niemandem schadet.« Das Gesetz des Wahren Willens ist aber keineswegs der Freibrief, sich tatsächlich ohne Rücksicht auf Verluste auszutoben. Der kleine Zusatz »solange es niemandem schadet« ist nämlich immens wichtig.

Man muss den Ruhm der Menschen nach den Mitteln messen,
denen sie sich bedient haben, um ihn zu erwerben.

François de La Rochefoucauld

Man sollte – das dürfte eigentlich klar sein! – keinem anderen schaden – ob Mensch oder Tier. Es bedeutet aber auch ganz klar – und damit sind wir im Bereich unserer eigenen Erfahrung und unseres eigenen Handelns –, dass wir uns selbst keinen Schaden zufügen sollen.

Sich selbst schaden – das kann man in vieler Hinsicht:

- körperlich durch den Missbrauch von Nikotin und Alkohol (oder gar Rauschmitteln), durch Medikamente, durch Raubbau an der eigenen Gesundheit, durch zu viel Stress;
- an Seele und Geist, indem wir beispielsweise andere extrem kontrollieren oder uns selbst fremdbestimmen lassen, indem wir uns an scheinbar wichtige Gefühle klammern oder uns extremen Emotionen wie Eifersucht und Hass hingeben. Und auch, indem wir unsere eigenen Bedürfnisse verleugnen oder uns weigern, überhaupt herauszufinden, was uns guttut und was uns eher hinunterzieht.

Ein Teil vom Ganzen

»Pars pro toto« – ein Teil steht für das Ganze – dieser Begriff zeigt sich auch an uns Menschen, unsere gesamte Geschichte hindurch. Wir alle, jeder Einzelne von uns, sind nicht lediglich ein Individuum, leben nicht nur in der menschlichen Gemeinschaft. Sondern wir alle sind gleichzeitig auch jeweils Teil eines unermesslich großen Ganzen.

Jeder Mensch, jedes Lebewesen überhaupt, ist einzigartig auf dieser Welt. Aber er ist niemals mehr »wert« oder »wichtiger« als der andere. Weil wir alle eben auch ein Teil von allem um uns herum sind.

Vom Universum, das uns umgibt, von der Natur auf dem Planeten Erde, auf dem wir leben.

In der Natur finden wir uns selbst wieder – und gerade wenn wir im Einklang mit ihr leben, sind wir auch eins mit dem Universum.

Ob wir an Allah glauben oder an Jesus Christus, an eine Naturreligion oder uns Atheisten nennen: Die kosmischen Gesetze gelten für jeden von uns, für alles, was uns umgibt.

Wir können nicht sagen: »Daran glaube ich nicht!« – denn die Gesetze des Universums scheren sich nicht darum, ebenso wenig wie die Gesetze von Physik, Chemie, Astronomie oder einer anderen Naturwissenschaft, ob wir daran glauben oder zweifeln. Sie existieren.

Sie gelten überall im Universum. Nicht nur auf unserem Planeten Erde, in unserer Galaxie, die wir Milchstraße nennen.

Sondern im gesamten Kosmos, worin ja selbst die Milchstraße nur ein winzig kleiner Bereich ist.

Wir sind »Gemeinschaftswesen«

Niemand von uns lebt – auch als Single nicht – einzeln vor sich hin.

Jeder steht mehr oder weniger ständig in Kontakt mit anderen Menschen. Heutzutage oft nicht mehr persönlich, von Angesicht zu Angesicht, sondern virtuell: Via Computer und Satellit sind wir mit der ganzen Welt verbunden.

Wir sind kommunikativer und damit »gemeinschaftlicher« als jede Generation vor uns. Die Welt ist – das ist eine banale, aber wahre Weisheit – zu einem virtuellen Dorf geworden.

Mit allen Vorteilen, aber auch Nachteilen, die das mit sich bringt.

◆ Der Vorteil: Wir sind blitzschnell und in »Echtzeit« mit jedem beliebigen Menschen auf der Welt in Kontakt. Jedenfalls dann, wenn beide einen PC ihr Eigen nennen. Wenn dazu noch eine Webcam kommt, sehen und hören wir uns sogar dabei. Das macht uns kontaktreicher und geselliger als jemals zuvor in der Menschheitsgeschichte. Auch Kranke oder Behinderte haben so die Möglichkeit, mit anderen Menschen in Kontakt zu kommen und sich auszutauschen.

◆ Der Nachteil: Wir müssen uns nicht einmal mehr aus dem Haus bewegen, um Menschen zu treffen. Gegenseitige Besuche? Fehlanzeige! Alles läuft über Bildschirm und Computer ab. Es ist alles in gewisser Weise in einer »künstlichen«, weil virtuellen Welt. Der persönliche Kontakt geht unter oder sogar ganz verloren. Denn online geht ja alles viel schneller und bequemer …

Doch ein persönliches Gespräch, Auge in Auge, sich einander gegenübersitzend, ist durch nichts zu ersetzen. So perfekt die schöne neue Welt auch sein mag … Der griechische Philosoph Aristoteles hat uns Menschen schon im 4. Jahrhundert vor unserer Zeitrechnung als »Zoon politikon« beschrieben.
Als ein Lebewesen also, das sozial ist.
Das in der Gemeinschaft am besten existiert und das sich stets darum bemüht, wo immer es auftritt, Gemeinschaften zu bilden.

Das zehnte Geheimnis des Erfolgs: Wir sind zu allen Zeiten und auf allen Ebenen unseres Daseins immer ein Teil des Ganzen.

Wir sind in dieser Welt nicht alle mit gleichen Rechten ausgestattet. Wir sind auch ganz bestimmt nicht »gleich« im Hinblick auf materielle Werte.

Gleichwertig sind wir alle aber vor den universellen Gesetzmäßigkeiten – als lebende, als fühlende und vor allem als menschliche und damit soziale Wesen. Und das gibt uns allen die Hoffnung auf eine bessere Welt.

Hoffnung – unser aller Lebenselixier

Hoffnung – so steht in Wikipedia – ist eine »zuversichtliche innerliche Ausrichtung, gepaart mit einer positiven Erwartungshaltung, dass etwas Wünschenswertes in der Zukunft eintritt, ohne dass wirkliche Gewissheit darüber besteht«.

Wer auf etwas hofft, blickt optimistisch in die Zukunft. Man glaubt, dass sich etwas ändern wird, dass ein Zustand entsteht, in dem man bessere Verhältnisse vorfindet – materiell, finanziell, aber vielleicht auch gesundheitlich, seelisch, geistig oder emotional.

Wenn wir die Hoffnung nicht hätten, würden wir resignieren.

Wir würden uns selbst aufgeben, es gäbe keinerlei Fortschritt, keinen Glauben an ein anderes, besseres Leben.

Keinen Glauben an die Liebe – und natürlich auch keine Kraft, überhaupt das Leben zu meistern.

Wer hofft, sieht ein Licht am Ende eines manchmal düsteren Tunnels.

Wer hofft, weiß: Anstrengung und Kraftaufwand können sich lohnen.

Weil am Ende etwas steht, das uns befähigt weiterzumachen:

Ein persönlicher Erfolg.

Eine Belohnung.

Ein Mensch, der sich auf uns freut, der uns liebt.

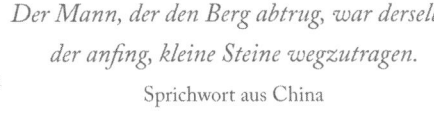

> *Der Mann, der den Berg abtrug, war derselbe,*
> *der anfing, kleine Steine wegzutragen.*
> Sprichwort aus China

Ohne Hoffnung sterben Mensch und Tier

Ohne Hoffnung zu sein heißt: Wir Menschen haben keine Chance mehr, wir geben uns auf.

Auch in der Tierwelt kennt man dieses Phänomen: In einer unangenehmen oder schmerzhaften Situation, aus der es trotz aller Versuche kein Entkommen gibt, in der ein Tier hilflos ist und sich nicht selbst retten kann, gibt es auf. Es kann vielleicht nicht wie wir Menschen Hoffnung empfinden, aber es kann resignieren. Und wird dann genauso sterben wie wir Menschen es tun, wenn wir uns selbst aufgeben. Schwer Erkrankte, die keinerlei Hoffnung auf Besserung mehr haben, geben den Kampf ums Überleben auf. Selbst Gesunde, denen der innere Antrieb fehlt – etwa nach dem Tod eines langjährigen, über alles geliebten Partners –, kapitulieren vor dem Leben und siechen dahin. Bis zum Tode. Oft in der Hoffnung, dass sie den geliebten Menschen wiedersehen. In einer anderen, besseren Welt.

> *Ich weiß nicht, wohin ich gehe, aber ich gehe nicht ohne Hoffnung.*
> Hans-Joachim Kulenkampff

Hoffnung heißt: Zuversicht auf Erfolg

Selbst wenn wir alles unternehmen, um uns einen Erfolg zu sichern. Wenn wir arbeiten und planen – wir können niemals ganz, bis in die letzte Faser unseres Bewusstseins, sicher sein, dass sich Erfolg einstellt. Also – hoffen wir.

Hoffnung ist die Antriebsfeder für all unser Handeln, für all unser Tun. Stets hoffen wir:

Auf Erfolg, wenn wir – auch gut vorbereitet – vor einer Prüfung oder einem wichtigen Geschäftstermin stehen.

Auf den Sieg, wenn wir Sport treiben, hart trainiert haben – und in einem Wettkampf antreten.

Auf Frieden, wenn wir gegen Aufrüstung demonstrieren.

Auf eine bessere Umwelt, wenn wir uns um Naturschutz bemühen.

Wer hofft, denkt optimistisch. Er glaubt und sehnt sich nach Fortschritt, nach einer besseren Zukunft. Und er ist voller Zuversicht, dass seine Hoffnungen wahr werden.

Wir alle hoffen auf den Erfolg, dass sich unsere Visionen und Träume erfüllen. Dass unsere Wünsche Realität werden.

Seien Sie zuversichtlich – für sich selbst. Für Ihre Familie. Für den liebsten Menschen, den Sie haben.

Die zehn Geheimnisse des Erfolgs helfen uns allen dabei.

Dein Lebensboot sei leicht; nur was du wirklich brauchst,
soll es beschweren: ein warmes Heim und schlichte Freuden …

Jerome K. Jerome

Die Zehn Geheimnisse des Erfolgs – auf einen Blick

☺ Das erste Geheimnis des Erfolgs: In sich selbst ruhen ist die Basis für jeden Erfolg.

☺ Das zweite Geheimnis des Erfolgs: Wer seine Erfahrungen einzuordnen weiß und nutzt, kommt am besten voran.

☺ Das dritte Geheimnis des Erfolgs: Wer sich kindliche Leichtigkeit bewahrt, wird das ganze Leben hindurch Erfolg haben.

☺ Das vierte Geheimnis des Erfolgs: Nur wenn wir uns an unser Selbst erinnern, an unsere Fähigkeiten und Talente, werden wir Erfolg haben.

☺ Das fünfte Geheimnis des Erfolgs: Wir sind dann erfolgreich, wenn wir abwägen, was uns guttut – und uns fernhalten von allem, was uns »hinunterzieht«.

◎ Das sechste Geheimnis des Erfolgs: Ändern kann man nur sich selbst, niemals andere. Doch eigene Veränderungen strahlen auf andere aus.

◎ Das siebte Geheimnis des Erfolgs: Wer Niederlagen erwartet, bleibt ohne Erfolg. Gewinn bekommt nur jeder, der Positives aussendet.

◎ Das achte Geheimnis des Erfolgs: Wer Herz und Verstand im Einklang miteinander arbeiten lässt, wird erfolgreich sein.

◎ Das neunte Geheimnis des Erfolgs: Es gibt keinen Anfang und kein Ende. Wer dies weiß und akzeptiert, meistert sein Leben erfolgreich.

◎ Das zehnte Geheimnis des Erfolgs: Wir sind zu allen Zeiten und auf allen Ebenen unseres Daseins immer ein Teil des Ganzen.